EN PREMIÈRE LIGNE

Conception graphique de la couverture: Violette Vaillancourt
Photo: Forces armées canadiennes

DISTRIBUTEURS EXCLUSIFS:

- Pour le Canada et les États-Unis:
  LES MESSAGERIES ADP*
  955, rue Amherst, Montréal H2L 3K4
  Tél.: (514) 523-1182
  Télécopieur: (514) 521-4434
  * Filiale de Sogides Ltée

- Pour la Belgique et le Luxembourg:
  PRESSES DE BELGIQUE
  96, rue Gray, 1040 Bruxelles
  Tél.: (32-2) 640-5881
  Télécopieur: (32-2) 647-0237

- Pour la Suisse:
  TRANSAT S.A.
  Route du Grand-Lancy, 2, C.P. 125, 1211 Genève 26
  Tél.: (41-22) 42-77-40
  Télécopieur: (41-22) 43-46-46

- Pour la France et les autres pays:
  INTER FORUM
  13, rue de la Glacière, 75624 Paris Cédex 13
  Tél.: (33.1) 43.37.11.80
  Télécopieur: (33.1) 43.31.88.15
  Télex: 250055 Forum Paris

JOCELYN COULON
EN PREMIÈRE LIGNE

GRANDEURS ET MISÈRES DU SYSTÈME MILITAIRE CANADIEN

le jour, éditeur

Données de catalogage avant publication (Canada)

Coulon, Jocelyn

En première ligne: grandeur et misère du système militaire canadien.

Comprend des références bibliographiques.

ISBN 2-89044-432-5

1. Canada. Forces armées canadiennes. 2. Canada — Défense nationale. 3. Canada — Politique militaire. 4. Canada — Relations militaires — États-Unis. 5. États-Unis — Relations militaires — Canada. I. Titre.

UA600.C68 1991   355'.033'0971   C91-096426-2

© 1991, Le Jour, éditeur,
une division du groupe Sogides

Tous droits réservés

Dépôt légal: 2e trimestre 1991
Bibliothèque nationale du Québec

ISBN 2-89044-432-5

À Jeanne Painchaud et Marcel Jean

Remerciements

La rédaction de cet ouvrage n'aurait, certes, pas été possible sans l'extraordinaire collaboration de tous ceux et celles qui travaillent quotidiennement au sein des Forces armées canadiennes. J'ai passé un an à visiter les bases et installations militaires canadiennes au pays, en Allemagne et à Chypre, visites qui m'ont permis de rencontrer pas moins de 300 militaires de tous rangs qui ont accepté de consacrer du temps, très souvent de longues heures, à me parler de leur vie, de leur carrière, de leur travail, de leurs aspirations et de leurs frustrations. Je les en remercie tous vivement. L'anonymat étant dans l'armée une vertu — parfois excessive —, il faut cependant absolument le respecter si l'on veut percer les mystères de cette institution; on comprendra donc pourquoi aucun nom particulier n'est ici mentionné.

Qu'il me soit permis d'exprimer aussi ma reconnaissance aux dirigeants et professeurs du Collège militaire royal de Saint-Jean, plus particulièrement au brigadier général Roméo Dallaire, au recteur Roch Carrier et aux professeurs Paul Létourneau et Harold Klepak ainsi qu'aux officiers du service de l'information des Forces armées canadiennes, dont les majors Tim Dunn et John Paul MacDonald, les capitaines Lyne Bernel, Yves Généreux, Jean-Pierre Sabourin, L. A. Racine, le sous-lieutenant Denise Laviolette, de même que deux officiers du Princess Patricia's Canadian Light Infantry, qui m'ont aidé à Chypre, le capitaine Dave Gosselin et l'aumônier Jacques Cantin.

Le système militaire a ses critiques et ses partisans. Je sais gré à Serge Bernier, Richard Duguay, Michel

Fortmann, John Halstead, Dan Hayward, Pauline Jewett, Albert Legault, Geoffrey Pearson, Tarik Rauf, Simon Rosenblaum, Mitchell Sharp, Joel Sokolsky et Bernard Wood d'avoir patiemment répondu à toutes mes questions.

Mes remerciements vont aussi à de fidèles amis qui ont bien voulu lire le manuscrit et me suggérer certaines corrections pour en améliorer la forme et faciliter la compréhension de ses aspects les plus spécialisés: Yvan Cliche, Marcel Jean, Jeanne Painchaud et Nicole Raymond.

Enfin, je désire exprimer toute ma gratitude à l'Institut canadien pour la paix et la sécurité internationale pour sa contribution financière. Je tiens à préciser cependant que le contenu de ce livre n'engage en rien l'Institut ni son conseil.

Avant-propos

Les activités militaires du Canada, tant ici qu'à l'étranger, ne sont pas très connues du grand public. En fait, les citoyens de ce pays n'ont jamais de contacts réguliers avec leurs militaires, si ce n'est à la faveur d'une crise ou d'une guerre. Depuis la fin de la Seconde Guerre mondiale, plusieurs événements d'importance ont placé au devant de la scène les soldats canadiens: la guerre de Corée en 1950, la crise d'octobre 1970 et les crises d'Oka et du golfe Persique en 1990. Entre ces périodes de tension, ils disparaissent cependant dans l'indifférence générale et on ne parle d'eux que de façon épisodique.

Mais la quasi-invisibilité de l'appareil militaire n'explique que partiellement le peu d'intérêt que les Canadiens portent à leur armée. Lorsque j'ai commencé à écrire ce livre, en septembre 1989, j'ai constaté que l'information sur les activités militaires faisait grandement défaut et que les élites politiques et intellectuelles du Canada n'accordaient que très peu d'intérêt à la défense et à la sécurité nationales. La crise autochtone de l'été 1990 et la guerre du golfe Persique, qui s'est terminée le 28 février 1991, devaient confirmer ce constat. Elles ont, en effet, cruellement souligné l'incapacité du gouvernement de contrôler le territoire canadien, sa subordination envers les États-Unis en matière d'analyse militaire et de politique de défense ainsi que la dépendance du public à l'égard des médias américains. Un simple regard sur les titres des grands quotidiens d'août 1990 à février 1991 suffit pour prendre conscience de l'indigence flagrante des débats sur les aspects strictement militaires des deux conflits et la domination complète des informations étrangères sur la crise du Golfe.

Au-delà de la tenue impeccable de l'armée pendant la crise autochtone, personne ne semble avoir souligné que, dans un contexte moderne, l'armée n'a, en fait, rien à voir avec ce genre de problème. Mais c'est durant la crise du Golfe qu'on a manifesté la plus grande indifférence, tant du côté gouvernemental que de celui de l'opposition. Au lendemain de l'invasion du Koweit par l'Irak, après que l'opposition eut dénoncé l'alignement du Canada sur les États-Unis et réclamé avec insistance la convocation du Parlement et un débat spécial sur le conflit, seuls 28 députés sur 295 se sont présentés en Chambre, le 28 novembre — à quelques heures d'un vote historique aux Nations unies sur une résolution autorisant le recours à la force pour soumettre l'Irak —, afin de discuter de cette question «de la plus haute importance pour le peuple canadien», selon les mots d'un ténor de l'opposition! Quant au gouvernement, il n'a pas cessé un instant de cacher son véritable jeu, comme s'il avait eu honte d'avoir endossé les positions occidentales.

Pourquoi, à cette occasion, le gouvernement et les Canadiens ont-ils réagi ainsi? C'est précisément à cette question que nous voulons tenté de répondre dans ce livre.

Tout au long des chapitres, le lecteur découvrira les principales composantes du système militaire canadien: l'armée, composée de professionnels bien entraînés; les élites politiques et intellectuelles sensées penser et façonner la défense et la sécurité du pays; le réseau d'alliances qui soudent notre destin à celui de plusieurs autres pays, dont les États-Unis, et nous obligent à entreprendre certaines activités qu'on souhaiterait garder secrètes; enfin sa mission particulière, celle de garder la paix.

Je n'ai pu, bien sûr, répondre à toutes les questions que peut soulever un pareil sujet. Ainsi, dans le chapitre sur les alliances, j'ai préféré décrire les liens importants qui unissent le Canada aux États-Unis plutôt que de parler de l'OTAN. J'ai choisi aussi de laisser de côté tout le domaine de l'industrie militaire parce que celle-ci relève davantage du secteur privé et que, par ailleurs, de nombreux livres y ont été consacrés. Enfin, dans chacun des chapitres, certains problèmes n'ont pu être abordés, faute de place.

Sans prétendre à l'exhaustivité, je crois pouvoir affirmer que ce livre est le premier à présenter une synthèse des grandes activités militaires du Canada. J'espère qu'il donnera au lecteur le goût d'approfondir la question en se plongeant dans les ouvrages plus spécialisés consacrés à ce sujet.

PREMIÈRE PARTIE

« La grande invisible »

Chapitre premier

Un système imperceptible

La pluie tombe dru sur Ottawa en ce jour de juin 1986. J'ai rendez-vous avec le chef de l'état-major de la Défense, le général Paul Manson, dans un restaurant de l'hôtel Westin situé juste à côté du quartier général de la Défense nationale; je m'empresse d'y arriver avant d'être trempé jusqu'aux os. Le général et le responsable des relations avec la presse ne sont pas encore attablés. Je m'installe de façon à les apercevoir aussitôt qu'ils feront leur entrée dans le restaurant. Les minutes passent et l'endroit se remplit rapidement d'hommes d'affaires, venus sans doute rencontrer leurs collègues ou quelques fonctionnaires avant le grand départ pour les vacances d'été, qui vide généralement la cité de la moitié de ses habitants. Soudain, devant moi, deux quinquagénaires, que j'avais à peine remarqués, me tendent la main; le général Manson et son collègue prennent place pour un court déjeuner qui me permettra de publier un portrait du chef des Forces armées canadiennes. Si les deux militaires n'ont pas attiré mon attention, c'est qu'ils ne portent pas l'uniforme. Manson m'explique que les officiers sont discrets et préfèrent passer inaperçus lorsqu'ils doivent participer à des réunions ou à des événements avec des civils. Quelques années plus tard, j'apprendrai qu'il y a d'autres raisons, plus culturelles, plus sociales, à cette grande discrétion.

Ce petit incident vestimentaire m'amena à penser que si, en France, les gens ont l'habitude de parler de l'armée comme de «la grande muette», on serait plutôt porté à l'appeler ici «la grande invisible». Non seulement les Forces armées canadiennes jouent-elles un rôle politique plutôt négligeable, mais elles sont tout à fait absentes de l'environnement quotidien des Canadiens, exception faite de leur soudaine apparition à l'été 1990, à la faveur des crises d'Oka et du golfe Persique. Qui, dans ce pays, saurait dire spontanément où se trouve la base militaire la plus proche de chez lui? Qui n'a pas un jour regardé de travers un militaire en uniforme déambulant dans une rue ou attendant dans une gare, comme s'il voyait marcher pour la première fois quelque être sorti d'on ne sait où? Sauf peut-être s'il vit à Ottawa ou dans quelque petite ville du pays, le citoyen canadien ne rencontrera jamais au cours d'une journée d'activité le moindre militaire en uniforme. Normal, direz-vous. Eh bien, non!

Dans presque tous les pays du monde, les militaires font partie du décor quotidien de la population. Ils y sont omniprésents. Dans de nombreux cas, ils assument le contrôle des principales activités et même la direction du pays. La plupart du temps, ils ne passent pas inaperçus lorsqu'ils vaquent à leurs occupations habituelles; on en voit partout dans les rues de Moscou, de Pékin, de Washington et des principales grandes villes du Moyen-Orient et d'Amérique latine. Ils sont plus discrets, par contre, quoique bien présents, à Paris, Hambourg, Londres, Copenhague, New York et Zurich. Si certains patrouillent et maintiennent l'«ordre», un bon nombre s'affichent plus simplement, se promenant, faisant des achats, se rendant au travail, voyageant, bref vivant comme tout un chacun. En général, on ne s'en soucie guère car on a l'habitude de les croiser depuis toujours. C'est loin d'être le cas au Canada, bien que, depuis quelques années, les militaires n'aient plus honte de porter leur uniforme.

*

Il fut un temps, pas si lointain d'ailleurs, où il était préférable qu'un militaire canadien ne montrât pas ses couleurs. Le jeune cadet, le soldat de métier ou l'officier supérieur qui quittait sa base ou son bureau pour une permission, courte ou longue, revêtait rapidement une tenue civile pour voyager, n'étant pas très enthousiaste à l'idée de prendre le train, l'autobus ou l'avion en uniforme; le règlement en cette matière était, en fait, laissé à la discrétion du commandant de la base. Tout au plus le militaire acceptait-il de ne pas l'enlever lorsqu'il retournait chez lui à la fin d'une journée de travail. Cette attitude persiste encore aujourd'hui même si la fierté de porter l'uniforme gagne du terrain. Bien des militaires continuent de changer de vêtements, même dans les toilettes d'un aéroport ou d'une gare, avant de voyager, attitude qui n'a rien de paranoïaque: c'est une simple réaction à l'hostilité de la population à leur égard.

Les militaires ont tous une histoire à raconter à ce sujet. Si la plupart n'ont jamais été humiliés à cause de leur appartenance aux Forces armées, nombreux sont ceux qui ont essuyé quolibets et sarcasmes tant de leurs proches que d'inconnus. «Moi, j'ai décidé de ne plus mettre mon uniforme parce que j'en avais assez de me faire pointer du doigt et narguer, confie un capitaine de la base de Valcartier. Une fois, ce n'est pas grave, mais lorsque cela se répète continuellement, vous finissez par être écœuré; alors vous cherchez la tranquillité.» Sur la terrasse d'un café, dans un cinéma ou un magasin, à bord d'un autobus, les militaires en habit sont souvent mal à l'aise — et on ne leur donne guère de répit. L'uniforme attire le regard, et l'observateur toise longuement celui qui le revêt. «Les gens n'aiment pas nous voir arriver en groupe et nous installer à une table pour boire de la bière ou du vin, explique un soldat de Valcartier. Pour eux, c'est inacceptable qu'une personne en uniforme boive.» Un jeune soldat raconte ainsi sa rencontre avec une jeune fille à Edmonton: «Elle m'a demandé bien sérieusement combien de guerres j'avais menées et combien d'hommes j'avais tués. J'étais furieux et cela n'a pas été plus loin.» «Bien des gens ont l'impression, en voyant des militaires en uniforme, de se trouver devant des tueurs ou des brutes, déplore un soldat de la base de Lahr en Allemagne. Pourtant, la plupart des militaires canadiens n'ont jamais combattu et nombreux sont ceux qui sont venus au secours de civils lors de catastrophes naturelles ou d'autres événements.»

Cette perception négative des membres des Forces n'est pas seulement le fait du grand public. Plusieurs de leurs proches parents ne comprennent pas pourquoi ils ont choisi cette voie et en quoi consiste vraiment leur travail. «J'ai pas dit à mes parents que j'allais m'engager dans les Forces armées, révèle un officier de Valcartier. Ils n'auraient pas compris.» Un autre officier raconte: «À tous les ans, lors des réunions du temps des Fêtes, les mêmes questions reviennent. Mes oncles me demandent ce que je fais toute la journée dans l'armée. Je le leur dis, mais ils ne comprennent pas. Pour eux, il n'y a rien de concret dans ce que je fais. Dans ma famille, certains pensent que je passe le balai toute la journée. Ils ont trop vu de films de la dernière guerre.» Un militaire posté à Baden-Soellingen en Allemagne explique qu'il est très respecté parce qu'il est pilote. «Mais, il y a toujours un oncle ou un cousin pour me demander ce que je fais vraiment dans l'armée de l'air, ajoute-t-il. Ils pensent tous que je passe mes journées à voler en CF-18 et que je regarde des films du genre *Top Gun*. Je leur explique qu'en général je ne vole qu'une heure par jour et que le reste de mon temps est consacré à préparer la mission, à l'analyser et à discuter avec mes collègues et mes supérieurs. En plus, je passe beaucoup de temps à remplir des papiers ou à m'occuper d'activités sociales. Ils n'en reviennent tout simplement pas.»

D'autres témoignages sont plus pathétiques: «J'ai eu toute la misère du monde à me marier parce que j'étais militaire, raconte un sous-officier de Valcartier. Mes beaux-parents pensaient que je n'avais aucun avenir. Rien à offrir à leur fille. Ce fut pénible, mais je suis resté dans l'armée et je suis fier du métier que je fais.»

*

Certes, la grande majorité des Canadiens ne sont pas hostiles aux gens de l'armée. Mais railleurs, sûrement! Et complètement indifférents. Deux raisons à cela: d'abord, leur pays n'ayant pas une grande histoire militaire, ils n'ont pas une mémoire collective de la guerre; ensuite, le système militaire canadien est pratiquement imperceptible.

Après les batailles de la conquête anglaise du XVIIIe siècle, puis une courte guerre avec les États-Unis en 1812, le Canada n'a pas connu de véritables conflits. Au cours du XIXe siècle, il y a bien eu la rébellion de 1837-1838, les raids des Fenians américains en territoire canadien, le soulèvement des métis de Louis Riel et la guerre des Boers, mais rien de massif ni de très traumatisant n'est venu ébranler la conscience populaire. Ce n'est que pendant la Première et la Deuxième Guerres mondiales que la population fut entièrement mobilisée. Et encore... Même si bien des Canadiens et des Québécois ont vivement ressenti les effets dévastateurs de ces conflits, les pertes du pays furent, somme toute, assez limitées: 100 000 morts et 200 000 blessés. De plus, le territoire canadien n'a jamais été bombardé ou occupé, ni la population harassée, contrairement à la plupart des pays participant aux hostilités.

En outre, les Canadiens n'ont pas d'obligations militaires personnelles, choix politique que les élites de ce pays maintiennent depuis une centaine d'années. Contrairement à ce que l'on retrouve dans la plupart des pays occidentaux et dans de nombreux pays neutres et non alignés, au Canada le service militaire n'est pas obligatoire, les effectifs des Forces armées sont très réduits et la milice, armée de réserve, plutôt impopulaire.

À ces facteurs historiques, politiques et culturels qui expliquent le peu d'intérêt des Canadiens pour les Forces, il faut ajouter un élément physique important: l'organisation de la défense de leur pays étale ses unités sur le deuxième plus grand territoire du monde et la plupart des installations militaires sont éloignées des grands centres urbains. Il en résulte que les militaires y demeurent, pour le moins, invisibles à la plupart de leurs concitoyens.

En fait, depuis la fin de la Seconde Guerre mondiale, les Canadiens ont eu l'occasion, à tous les vingt ans, de se rendre compte qu'ils ont des forces militaires: en 1950, lors de la guerre de Corée; en 1970, à l'occasion de la Crise d'octobre; et en 1990, au moment de leur intervention à Oka et dans le golfe Persique. Entre ces périodes, les Forces armées sont retombées dans l'oubli, pour n'intervenir que de rares fois lors d'une catastrophe naturelle, d'une grève de policiers ou de quelque mutinerie de prisonniers.

*

Le système militaire canadien, malgré sa petite taille à l'échelle internationale, est pourtant la plus grande organisation du pays. Il est composé de deux entités: les Forces armées canadiennes, d'abord, qui comprennent 87 500 employés à temps plein, 27 000 employés à temps partiel dans la première réserve et 33 000 membres dans la réserve supplémentaire, c'est-à-dire qui peuvent être appelés au service en temps de guerre; ensuite le ministère de la Défense nationale qui, avec ses 38 000 employés civils, coordonne toutes les activités politiques et militaires visant à assurer la sécurité du territoire canadien. Toutes ces personnes sont des fonctionnaires à l'emploi du plus gros ministère de la fonction publique. En excluant les quelque 9 000 personnes qui, bien qu'elles ne soient pas payées à même les fonds publics, travaillent néanmoins pour les Forces armées (dans les mess par exemple) et les réservistes, qui ne travaillent pas à temps plein, un nombre total de 125 500 personnes se trouvent à être directement touchées par les décisions de la Défense nationale, sans compter les familles de dizaines de milliers d'entre eux.

En effet, tout employé du ministère qui doit effectuer un travail ou servir dans une base militaire loin de chez lui pour une longue période reçoit des compensations financières; ainsi en est-il, à chaque fois que leur famille doit les suivre, des 12 000 militaires et civils canadiens qui travaillent en Allemagne pour une période de trois à quatre ans. En 1989, on comptait environ 9 000 personnes accompagnant les militaires en Allemagne. Les soldats et leur famille ont alors accès à des logements et à des magasins spéciaux; des écoles particulières reçoivent leurs enfants et ils bénéficient de voyages réguliers pour visiter leurs proches au Canada. Si un officier de la base de Valcartier au Québec doit séjourner plusieurs années à la base de Cold Lake en Alberta, il reçoit le même traitement. Comme la plupart des militaires effectuent des séjours de trois ans, à l'intérieur du Canada ou en Allemagne, le ministère de la Défense nationale assure le déplacement d'environ 150 000 personnes annuellement, ce qui représente des dépenses de 130 millions de dollars.

Pour entretenir tout ce beau monde et fournir aux Forces l'équipement dont elles ont besoin pour remplir leurs engagements intérieurs et extérieurs (défense du territoire, OTAN, NORAD et missions de paix), le gouvernement accorde bon an mal an environ 9 % du budget fédéral au ministère de la Défense nationale, ce qui représentait 11,3 milliards de dollars en 1989-1990, répartis comme suit: 40 % en salaires et fonds de retraite; 26,1 % en administration et entretien; 10,3 % en subventions, contributions et dépenses législatives; et 23,6 % en dépense de capital (achat de matériel). Il est intéressant de noter que le Ministère dispose de près de 46 % de la partie du budget du gouvernement fédéral pouvant être consacrée à l'achat de biens et services. Selon une étude d'un groupe de consultants d'Ottawa, sur les 8,3 milliards de dollars que le gouvernement fédéral a consacrés à l'achat de biens et services en 1989-1990, une somme de 3,8 milliards a été allouée directement à la défense nationale[1].

Les 38 000 employés civils du Ministère se répartissent, quant à eux, en 48 groupes professionnels (gestionnaires, analystes politiques, professeurs, psychologues, secrétaires, plombiers, mécaniciens, etc.). Ces personnes, presque toutes syndiquées, travaillent au quartier général de la Défense nationale à Ottawa ou dans l'une des 30 bases situées au Canada et en Allemagne. Elles s'occupent essentiellement de l'administration des Forces, de l'entretien des bases et de certains équipements, de la santé physique des militaires et de l'éducation de leurs enfants. Même si de nombreux ex-militaires travaillent pour le Ministère, la très grande majorité des employés n'a jamais fait partie de l'armée.

Les Forces armées canadiennes ne comptent que 87 500 membres, ce qui est peu pour un pays de 27 millions d'habitants. À titre de comparaison, la France, peuplée de deux fois plus d'habitants, aligne 460 000 militaires, et la Belgique, dont la population est trois fois moindre, en compte 92 000. De plus, cette faiblesse des effectifs n'est pas compensée par une abondance d'équipements, comme on le verra plus loin. En fait, malgré un budget militaire qui se situe au sixième rang parmi les 15 des 16 pays de l'OTAN possédant une armée — l'Islande se trouvant ici exclue —, le Canada ne consacre que 2 % de son PNB à la défense, ce qui le situe au quatorzième rang, juste avant le Luxembourg.

Des raisons économiques, physiques et politiques expliquent cette situation. D'abord, le Canada dispose d'une armée professionnelle composée de volontaires dont les salaires sont assez élevés alors que la plupart des pays de l'OTAN possèdent des armées de conscrits dont la solde est minime. En second lieu, peu de pays, mis à part les États-Unis, la France et la Grande-Bretagne, entretiennent un réseau de bases aussi étendu, tant sur leur territoire qu'à l'étranger. Devant consacrer des montants beaucoup plus importants à ces deux postes de dépense, le Canada ne peut affecter qu'entre 20 et 25 % de son budget militaire à l'achat d'équipements (la moyenne de l'OTAN est d'environ 30 %, certains pays comme la France et les États-Unis approchant la barre des 50 %). Enfin, tous les gouvernements qui se sont succédé à la tête du pays ont trouvé politiquement périlleux de consacrer plus de ressources aux militaires. Tout cela vaut au Canada d'être critiqué chaque année par ses alliés pour ses faibles dépenses militaires, qui devraient, selon les estimations de plusieurs experts et les recommandations de nombreux rapports parlementaires, se situer autour de 3,3 % de son PNB plutôt qu'à 2 %.

La situation du Canada, à cet égard, est tout à fait particulière. Ses forces armées, unifiées depuis 1968, sont structurées de façon tout à fait singulière: un seul quartier général regroupe les autorités civiles et militaires chargées de la défense du pays et toutes les forces militaires (terre, mer et air) se trouvent sous la direction d'un état-major unique qui exerce l'ensemble des pouvoirs administratifs et militaires. Cette unification élimine les doubles et triples emplois en établissant un système commun de logistique, d'achat et de distribution du matériel, ainsi que de formation et de promotion des militaires. Bref, les dénominations «armée», «marine» et «aviation» se trouvent à disparaître; ces entités n'ont plus de statut juridique propre et n'ont plus accès directement au ministre.

Entreprise en 1964 par Paul Hellyer, un des seuls ministres de la Défense qui se soit réellement intéressé aux problèmes militaires, cette intégration visait plusieurs objectifs: abolir certaines distinctions entre les trois services des Forces armées; éviter la duplication; économiser les ressources au moment où le budget militaire stagnait; centraliser les décisions. Rychard A. Brûlé, expert militaire canadien, commente ainsi la réforme de Hellyer: «Trois chefs d'état-major, chacun avec ses priorités personnelles et institutionnelles, et sans égard à l'ensemble de la sécurité nationale et à une stratégie intégrale, s'arrachaient faveurs et dollars dans le bureau du ministre. Seul devant des avis divergents à une époque où les demandes allaient croissant, le ministre recherchait la simplicité, sinon l'unanimité, dans les avis qui lui étaient présentés par son commandement militaire. Il décida donc d'expédier dans le bureau d'un chef d'état-major les querelles interarmées qui, jusque-là, avaient eu lieu dans son bureau[2].» Cela ne se fit pas sans mal. La plupart des militaires acceptèrent ces objectifs mais plusieurs résistèrent à l'unification. Ils y voyaient une perte d'influence et surtout de prestige. Il est vrai que le gouvernement imposa un uniforme commun vert foncé — aboli en 1985 —, ce qui déplut vivement aux marins. La réforme de Hellyer provoqua ce qu'il est convenu d'appeler «la révolte des amiraux» et se solda par la démission ou le renvoi de plusieurs officiers supérieurs des trois armes.

L'unification a-t-elle changé profondément les Forces armées? Sans doute gère-t-on de façon beaucoup plus rationnelle cette énorme machine et évite-t-on ainsi le gaspillage, mais les trois composantes des Forces n'ont pas perdu leurs caractéristiques particulières et leur spécificité. En abolissant les dénominations d'armée canadienne, de marine royale du Canada et d'aviation royale du Canada, le gouvernement ne les a pas effacées. Ces entités ont tout simplement perdu quelques pouvoirs et reçu un nouveau nom. Maintenant, la Force mobile commande l'armée de terre, le Commandement maritime dirige la marine et le Commandement aérien contrôle l'aviation. Ces trois divisions assument certaines fonctions aériennes et navales. Ainsi, la Force mobile contrôle le Groupe aérien tactique d'hélicoptères; le Commandement maritime dispose, quant à lui, d'une importante flotte d'avions et d'hélicoptères. Aux trois grandes sections de l'armée sont adjoints deux autres commandements: celui des Communications et celui de l'Instruction. Enfin, il existe un commandement spécifique pour les forces postées en Europe et pour la région du Grand Nord canadien. Chaque division a son quartier général: la Force mobile, par exemple, est basée à Saint-Hubert (Québec) et le Commandement aérien à Winnipeg.

L'existence de toutes ces entités administratives et de ces nombreux quartiers généraux ne facilite pas la tâche du profane en quête d'une vision claire de ce que sont les Forces armées canadiennes. Il n'a rien vu encore... S'il tente de savoir ce que font les 87 500 militaires canadiens et à quel commandement ils appartiennent, il sera bien embarrassé. Ainsi, le livre blanc sur la défense publié en 1987 indiquait qu'il y avait 84 600 militaires dans les Forces; pourtant, en additionnant les forces énumérées dans les différents tableaux illustrant le document et dans les chapitres décrivant certaines fonctions des militaires, on arrive à un total de 63 300. Où sont les autres? Même chose dans la célèbre publication de l'Institut international d'études stratégiques de Londres, *The Military Balance, 1990-1991*: les rédacteurs indiquent que le Canada compte 90 000 militaires dont 25 200 ne sont pas identifiés par service. Enfin, dans son rapport annuel intitulé *Défense 89,* le ministère de la Défense nationale indique qu'il emploie 88 331 militaires, dont 77 000 sont bien identifiés. Quels sont les vrais chiffres? On peut obtenir deux réponses à cette question.

D'abord, on peut calculer le nombre de militaires à partir de la nomenclature du budget des dépenses du ministère des Finances qui identifiait en 1989-1990 huit grandes catégories au sein des Forces armées. Elles s'établissent de la façon suivante: *forces maritimes*: 12 200 militaires; *forces terrestres*: 20 000; *forces aériennes*: 21 500; *forces en Europe*: 8 000; *service de communication*: 3 300; *soutien du personnel*: 14 000; *appui matériel*: 5 000; *orientation de la politique et services de gestion*: 2 800. Un grand total de 86 800 militaires.

Ces chiffres correspondent à la division des Forces armées en grands commandements. Les quatre dernières catégories regroupent 25 100 personnes, qu'on appelle les militaires «interchangeables» ou n'étant pas affectés à un service en particulier. Une bonne partie d'entre eux peuvent travailler dans l'armée de terre, dans la marine ou dans l'armée de l'air, car ils occupent des métiers qui peuvent être utiles dans n'importe quel service.

Le ministère de la Défense devait décider récemment de regrouper sous trois nouvelles catégories les militaires canadiens. Cette seconde méthode de répartition donne les chiffres suivants: *marine*: 14 100; *armée de terre*: 36 600; *armée de l'air*: 36 800. Grand total: 87 500 au 1er janvier 1991[3]. Pour les fins de ce livre, nous utiliserons ces derniers chiffres, tout en indiquant, pour chaque armée, le nombre de militaires interchangeables.

Que font ces dizaines de milliers de militaires? Sont-ils tous de grands guerriers prêts à combattre? Si tous les militaires canadiens ont reçu une formation de base pour combattre, certains sont appelés à le faire plus que d'autres. Selon les chiffres du ministère de la Défense, les Forces armées comptent 23 600 postes de combat, répartis comme suit: 5 300 pour la marine, 13 700 pour l'armée de terre et 4 600 pour l'armée de l'air. Les militaires qui occupent ces postes sont donc les premiers à être envoyés sur le champ de bataille, dans les airs ou sur mer. Ce sont surtout des pilotes, des techniciens en maniement d'armes ou de radars, des marins, des sous-mariniers, des artilleurs et des fantassins, ces derniers formant un bloc de 6 500 personnes[4].

Ces combattants sont appuyés par des milliers d'autres militaires qui s'occupent du transport et de la logistique, des communications, de la construction de ponts ou de campements, des services de réparation, des services médicaux et de sécurité ainsi que de la préparation des repas. À première vue, on peut croire qu'il y a disproportion entre combattants et non-combattants. Il faut cependant souligner qu'en temps de guerre, ces derniers seront appelés à fournir des services à un contingent de combattants qui augmentent de plus en plus. Ainsi, en Arabie saoudite, au sein de la force multinationale qui luttait contre l'Irak au début de 1991, on comptait un logisticien pour huit combattants français, un pour quatre fantassins américains et un pour chaque combattant britannique — selon la structure du contingent envoyé à la guerre.

Les raisons qui poussent des milliers d'hommes et de femmes à s'enrôler pendant trois, neuf, vingt ou trente-cinq ans dans les Forces armées sont multiples et il est bien difficile d'en établir une hiérarchie précise. Il y a une trentaine d'années, on entrait dans l'armée soit par pauvreté, soit par désœuvrement ou encore par tradition. Les choses ont bien changé depuis. Les critères d'admission et la réduction constante des effectifs permettent maintenant aux Forces armées d'être plus rigoureuses lors de la première sélection des candidats et de choisir les plus éduqués et les plus dynamiques.

Aujourd'hui, la plupart des militaires vous diront qu'ils se sont enrôlés par goût de l'aventure et pour apprendre un métier intéressant qu'ils pourront ensuite exercer lorsqu'ils retourneront dans la vie civile. Pour reprendre le slogan d'une publicité connue, ils estiment que la vie dans les Forces armées canadiennes y est plus intéressante et plus mouvementée que dans un autre domaine. Le système militaire canadien offre à presque tous ses membres la possibilité de voyager dans tout le pays et aussi à travers le monde. Plus le métier que le militaire exerce est spécialisé ou plus il monte en grade, plus il est susceptible, bien sûr, d'être muté et de changer continuellement d'affectation, de région ou de pays. L'actuel chef de l'état-major des Forces armées canadiennes, le général John de Chastelain, a été muté 21 fois en trente-deux ans de carrière[5]. C'est là un rythme d'enfer, que la très grande majorité des militaires ne connaîtront jamais.

La plupart des militaires de l'armée de terre et de l'armée de l'air effectuent au moins un séjour de trois ou quatre ans en Allemagne, dans les deux bases que le Canada y entretient dans le cadre de ses obligations au sein de l'OTAN. De plus, l'armée de terre participe à toutes les missions de maintien de la paix des Nations unies. Ainsi, de nombreux bataillons canadiens ont séjourné — quelquefois même trois ou quatre fois — à Chypre, au Golan, au Sinaï ou ailleurs, selon les besoins de l'ONU. Enfin, pour répondre aux exigences du système de rotation, en vertu duquel les militaires, les officiers, en particulier, doivent se déplacer tous les trois ou quatre ans pour occuper une nouvelle fonction, plusieurs sont appelés à voyager constamment à travers le Canada.

Cette «aventure» dans les Forces armées en attire évidemment plus d'un: les jeunes de vingt ans n'ont certes pas tous la possibilité de découvrir de nouveaux pays, de nouvelles cultures, et d'apprendre d'autres langues aux frais de la couronne.

Outre les voyages, le fait de pouvoir apprendre un métier — spécialisé, de surcroît — exerce un puissant attrait sur eux: une fois leurs études secondaires ou collégiales terminées, estimant que la vie dans le secteur civil est monotone et ne leur offre pas assez de défis, ils joignent les rangs des Forces armées, persuadés qu'elles vont leur offrir autre chose. Mais leur satisfaction dépend du métier choisi et de leur intérêt à améliorer leur sort, soit en se spécialisant, soit en obtenant des promotions.

Être magasinier, chauffeur de camion ou simple soldat d'infanterie toute sa vie n'est pas très excitant: on est alors forcé d'être attaché à une base et on ne voyage que très rarement. Le système de rotation, en soi, ne leur cause pas de grands problèmes. S'ils mènent une vie tranquille et protègent leur vie de famille, la situation financière des militaires qui sont au bas de l'échelle reste précaire. En 1990, un soldat gagnait environ 20 000 $ par année alors qu'un sous-officier pouvait gagner entre 30 000 $ et 48 000 $ selon les années d'expérience et le grade. Pour les officiers, l'échelle des salaires variait entre 21 000 $ pour un lieutenant et 145 000 $ pour le chef de l'état-major. En moyenne, les simples militaires et les sous-officiers gagnaient 33 000 $ et les officiers 46 500 $, ce qui est nettement au-dessus de la moyenne nationale des salaires au Canada en 1989-1990, qui tournait autour de 26 000 $.

Il est donc indispensable, pour un militaire, de monter en grade s'il veut gagner un salaire décent. Mais l'apprentissage d'un métier spécialisé sera, lui aussi, et même davantage, une source de revenus intéressants et le gage d'un emploi presque assuré lors d'un retour à la vie civile. Dans les Forces armées, mises à part les carrières liées au commandement, certains métiers permettent d'accéder directement au corps des officiers. Un pilote, un dentiste ou un ingénieur devient automatiquement officier après avoir terminé ses cours, ce qui n'est pas le cas du technicien en radar, de l'électricien, du musicien ou du sapeur-pompier; ceux-ci n'accèdent qu'au grade de sous-officier. Toutefois, quel que soit leur rang, ces militaires spécialisés font l'objet d'une attention particulière de la part des Forces armées; ils peuvent constamment se recycler dans les écoles des Forces ou dans des institutions privées et publiques.

La spécialisation croissante des emplois conjuguée au caractère volontaire du service militaire canadien coûtent d'ailleurs très cher aux Forces: plus de 40 % du budget de la Défense nationale est consacré aux salaires et retraites, pourcentage qui est de 33 % aux États-Unis. Dans les armées de conscrits, la part des salaires est encore plus réduite.

Comme les emplois spécialisés sont occupés par des officiers et des sous-officiers et que les effectifs militaires sont constamment réduits, les Forces armées projettent l'image d'une institution où il y a plus de chefs que d'indiens, ce qui est vrai à première vue. Sur 87 500 militaires, elles comptent 18 500 officiers, 31 000 sous-officiers et 38 000 soldats. Plusieurs raisons expliquent cet état des choses. D'abord, l'armée en temps de paix comprend toujours plus d'officiers et de sous-officiers, prêts à former et à commander un grand nombre de soldats si la guerre venait à éclater. De plus, chaque unité militaire compte un ou plusieurs officiers mais pas nécessairement le nombre maximum de soldats. Ainsi, un peloton est toujours commandé par un officier (lieutenant) assisté d'un sous-officier (adjudant) mais peut compter entre 25 et 40 soldats, selon les besoins du moment ou les contraintes budgétaires. Enfin, de nombreuses fonctions administratives nécessitent les compétences d'officiers supérieurs: directeur d'un programme d'instruction ou d'acquisition d'armes ou de matériel; attaché militaire; gestionnaire de projet; agent de liaison avec les pays alliés, etc. Ainsi, même si le nombre de soldats diminuait, celui des officiers et des sous-officiers ne suivrait pas nécessairement le mouvement puisque la structure de base des Forces armées resterait en place. Bien sûr, advenant une diminution de moitié des effectifs militaires ou le démantèlement complet de régiments ou de bataillons, tout le monde serait touché.

Si la spécialisation coûte cher aux Forces armées, elle est stimulante pour les militaires. Une personne qui entre dans l'armée à dix-huit ans et qui veut devenir technicien en radar, en armement ou en aéronautique, contrôleur aérien, électronicien, ingénieur, dentiste ou pilote se verra offrir, selon ses compétences, des cours entièrement financés par la Défense nationale. Bien sûr, en retour, il devra travailler au sein des Forces pendant un certain nombre d'années (cinq ans, au maximum). Mais rien n'empêche un jeune militaire de trente ans, devenu ingénieur ou spécialiste en aéronautique, de quitter les Forces pour se trouver plutôt un emploi dans le secteur civil. Cela arrive très fréquemment et les employeurs civils recherchent avidement ce genre de travailleur, discipliné et éduqué.

Mais alors, on ne s'y enrôle plus par patriotisme? Eh bien, non! Si le fait de défendre son pays est souvent un des motifs d'enrôlement, il n'est cependant pas prioritaire. Pour la majorité, le système militaire est une grande entreprise, qui offre non seulement la sécurité d'emploi mais aussi une certaine forme de sécurité physique et psychologique. C'est une immense famille qui vous laisse rarement tomber et qui verra à tous vos besoins jusqu'à la retraite.

*

Pour les personnes qui sont intéressées à la chose militaire sans pour autant vouloir y effectuer un service régulier, il existe deux corps intermédiaires: les cadets et la Réserve.

Les organisations de cadets ne dépendent pas directement des Forces armées canadiennes même si elles obtiennent une bonne partie de leur financement du ministère de la Défense nationale. Ce sont des organisations à caractère privé qui regroupent de jeunes garçons et filles de douze à dix-neuf ans. Ils y reçoivent, pendant une période de quatre ans, surtout l'été, une instruction de base qui comprend des sujets obligatoires (tels les exercices militaires, la lecture de cartes, le maniement d'armes) et des cours optionnels en communication ou en photographie. Les objectifs des différents corps de cadets — mer, terre et air — sont les suivants: «inculquer aux jeunes le sens du civisme et les qualités de leader; améliorer leur forme physique; et stimuler l'intérêt des jeunes dans les Forces armées[6]». Ce dernier objectif semble bien atteint puisque 24,5 % des recrues des Forces au cours des dix dernières années ont d'abord été cadets.

Quant à la réserve, elle constitue un ensemble d'unités d'appoint pour les Forces armées régulières. Au Canada, elle se compose de quatre entités: la première réserve (27 000 personnes), la réserve supplémentaire (33 000), le cadre des instructeurs de cadets (5 370) et les Canadian Rangers (1 600), un groupe spécial chargé d'assurer la surveillance et la souveraineté du Canada dans le Grand Nord. Si chacune de ces organisations a son importance dans le système militaire, c'est la première réserve qui compte réellement pour les Forces armées, car elle forme le bassin de futurs militaires; la réserve supplémentaire est, en fait, composée d'anciens membres des Forces et de la première réserve qui ne s'entraînent plus mais demeurent disponibles en cas de conflit.

La première réserve est composée d'hommes et de femmes dont les motivations sont très différentes. Une minorité de réservistes espèrent un jour devenir des militaires à plein temps, des «réguliers», comme ils disent. Ils s'entraînent une ou deux fois par semaine et pendant les fins de semaine. L'été, ils suivent des cours d'instruction militaire et participent régulièrement à des manœuvres organisées par des unités locales. Si un réserviste s'intéresse de près aux Forces armées et s'il fait preuve de patience et de compétence, il pourra joindre une unité régulière pendant un certain temps. Ainsi, le bataillon qui fait un séjour à Chypre tous les six mois compte de nombreux réservistes qui, au retour de cette unité au Canada, retourneront dans la vie civile ou poursuivront, à temps partiel, leurs activités au sein de la réserve.

La majorité des réservistes n'aspirent pas à devenir des «réguliers». Nombreux sont ceux — les étudiants et les chômeurs, par exemple — qui s'enrôlent dans la réserve uniquement pour se trouver un emploi d'été ou à temps partiel. D'autres préfèrent l'entraînement à longueur d'année, mais à leur rythme et selon leur disponibilité. Car il faut bien comprendre que tous les réservistes, quelles que soient leurs ambitions, sont des personnes qui ont avant tout des activités civiles. Ils sont étudiants, enseignants, travailleurs saisonniers et parfois, mais rarement, avocats, ingénieurs et médecins. Ainsi, un avocat peut consacrer une journée par semaine pendant dix ou quinze ans à la réserve; un enseignant y travaillera tout l'été pour servir d'instructeur. Les réservistes reçoivent un entraînement qui devrait leur permettre de combler les postes des militaires qui participeraient à un conflit ou même de se joindre à la troupe si la guerre éclatait. Le ministère de la Défense nationale a d'ailleurs commencé à établir un plan général de force totale pour intégrer la force régulière et la première réserve. Cette politique vise d'abord à faire des économies en confiant à des réservistes des tâches qui sont actuellement effectuées par les «réguliers». Elle vise aussi à mieux les préparer à un éventuel conflit en les intégrant dans des unités opérationnelles. Il y a toutefois de multiples problèmes à ce concept de force totale. D'abord, le travail de réserviste ne crée aucun lien d'obligation à l'endroit des Forces armées: il peut refuser de se présenter à l'entraînement n'importe quand. De plus, l'entraînement inadéquat et partiel, le manque d'équipement, la réduction du budget militaire, une solde et des avantages insuffisants — problèmes maintes fois décrits dans des rapports parlementaires — laissent planer des doutes sur l'efficacité des réservistes en temps de guerre. Une des premières conclusions que l'armée américaine a tirées de ses opérations dans la guerre du Golfe en 1991, c'est qu'ils ne peuvent être envoyés immédiatement dans les zones de combat avec des militaires réguliers bien entraînés. Le Pentagone estime que les réservistes seraient mieux utilisés dans des rôles de soutien logistique que dans ceux liés au combat[7].

Jusqu'en 1939, les réservistes canadiens ont été plus nombreux que les militaires réguliers. En fait, quelques mois avant le déclenchement de la Seconde Guerre mondiale, l'armée canadienne comptait 4 000 hommes et la réserve 86 000 hommes. Aujourd'hui, le Canada est à la queue du peloton des États occidentaux en ce qui concerne la possibilité de mobiliser un grand nombre de réservistes en temps de crise. La plupart des pays européens ont au moins autant de réservistes que de «réguliers»; certains en ont même deux ou trois fois plus.

Le gouvernement canadien tente d'améliorer le sort des réservistes et le rôle de la réserve. À première vue, la détente Est-Ouest, la réduction des effectifs et du budget des Forces armées et la prise en charge éventuelle par la Défense nationale de certains rôles non militaires — lutte contre le trafic de drogue, programmes anti-pollution, etc. — laissent présager un meilleur avenir pour la réserve. L'histoire militaire canadienne des quarante dernières années suggère cependant que l'armée régulière n'acceptera pas facilement de se départir de certains rôles ou pouvoirs et que les économies réalisées par le gouvernement serviront à éponger la dette et à financer des programmes sociaux. La réserve restera probablement l'enfant pauvre du système militaire canadien.

Chapitre 2

La chair à canon

L'été 1990 aura été pour bien des Canadiens une saison de surprises et de révélations pour le moins traumatisantes. Après le désastreux échec des négociations constitutionnelles du lac Meech d'où l'on avait espéré qu'un nouveau Canada, réconcilié avec le Québec, émergerait — pour que l'on puisse enfin s'occuper d'autre chose que de questions constitutionnelles —, les Canadiens envisageaient un été calme où chacun tenterait de panser ses plaies en attendant une solution politique aux problèmes de l'unité nationale. Ils ont plutôt eu droit à l'été le plus chaud et le plus mouvementé de leur histoire récente.

Le 8 août, le premier ministre Brian Mulroney annonce que les Forces armées canadiennes sont à la disposition du gouvernement québécois qui fait face, depuis le 11 juillet, à une révolte de Mohawks armés qui ont dressé des barricades sur des routes et un pont dans la région de Montréal. Deux jours plus tard, Mulroney retourne devant les caméras de télévision pour expliquer à ses concitoyens que le Canada dépêchera sous peu trois navires de guerre dans le golfe Persique pour s'assurer de l'efficacité de l'embargo économique contre l'Irak. Quelques jours plus tôt, le régime irakien a envahi le riche émirat du Koweit et annoncé qu'il l'annexait. Les Nations unies ont ordonné le retrait des troupes irakiennes et décrété un embargo total; une force multinationale a été constituée pour surveiller le respect de cette décision et venir en aide aux pays de la région qui se sentent menacés par les ambitions irakiennes. Enfin, le 14 septembre, le premier ministre augmente la participation canadienne dans le Golfe en ordonnant l'envoi d'une escadrille de 18 chasseurs CF-18. Le 16 janvier 1991, la guerre éclatera entre la coalition multinationale et l'Irak. Le Canada y participera jusqu'au cessez-le-feu du 28 février 1991.

En 1990, les Forces armées ont donc fait irruption dans la vie quotidienne des Canadiens comme jamais depuis la crise d'octobre 1970 ou même la guerre de Corée en 1950. À l'ère des communications et de l'information instantanée, les Canadiens ont pu suivre quotidiennement en direct à la télévision les moindres mouvements de l'affrontement entre les militaires et les Mohawks, qui dura soixante-dix-huit jours. Même chose pour la guerre du golfe Persique: pas une journée sans que la télévision montre des images des principaux protagonistes. Ces deux événements vont nous servir à décrire les activités des trois composantes principales des Forces armées: l'armée de terre, la marine et l'aviation.

*

Le 6 août 1990, deux jours avant l'annonce officielle faite par le premier ministre Mulroney, l'opération Salon, nom de code que l'armée a donné à son intervention à Oka et à Kahnawake, commence à la base de Valcartier en banlieue de Québec. En fait, dès le 11 juillet, jour de l'intervention ratée de la Sûreté du Québec à Kanesatake, les soldats étaient sur un pied d'alerte; le gouvernement avait demandé à l'armée d'apporter une assistance technique à la police qui tentait de rétablir l'ordre autour des deux réserves autochtones. Le 6 août, constatant l'impuissance de la Sûreté à faire tomber les barricades érigées par les guerriers Warriors et leurs sympathisants et l'enlisement des négociations politiques, le gouvernement du Québec, en vertu de la Loi sur la Défense nationale, demande l'intervention directe de l'armée. Lorsque l'armée commence à s'installer le 15 août, elle n'est censée agir que comme force d'interposition entre la police et les Mohawks jusqu'à ce que survienne un règlement politique de la crise. Mais les directives changent rapidement. Le 27 août, elle reçoit l'ordre d'intervenir pour démanteler les barricades et assurer la libre circulation sur les routes et les ponts. Le 26 septembre, on assiste à la reddition des derniers Warriors.

Pour mener à bien cette mission, les autorités militaires ont conseillé au gouvernement québécois le déploiement d'une brigade entière de l'armée de terre. En plus de l'effet dissuasif qu'une telle force pouvait avoir sur les autochtones rebelles et sur certains Blancs surexcités qui tentaient d'en venir aux coups avec les Mohawks, ce déploiement répondait à des critères géographiques et militaires bien identifiés. Il fut donc décidé de déployer la 5e Brigade mécanisée du Canada de la base de Valcartier, composée d'environ 4 300 militaires et placée sous le commandement de la Force mobile. «Dès le début, raconte le brigadier-général Armand Roy, commandant de la brigade, j'ai fait valoir que l'armée avait besoin d'établir deux commandements séparés à cause de la distance à couvrir entre Oka et Kahnawake. Il me fallait au minimum un bataillon de 620 militaires à chaque endroit. De plus, comme nous ne pouvions pas écarter la possibilité d'un assaut contre les barricades, l'armée devait absolument déployer le matériel nécessaire pour ce genre d'opération[1].» Il ne s'agissait donc pas de déplacer seulement des bataillons, mais aussi du matériel d'artillerie, quelques véhicules et des hélicoptères. Bref, tout le nécessaire pour mener une petite guerre.

L'armée de terre canadienne, qui est composée d'environ 36 600 personnes, avec un noyau de 21 000 militaires, ne compte qu'une division qui regroupe trois brigades, une formation de forces d'opérations spéciales de la taille d'une brigade, un régiment antiaérien et plusieurs autres unités de plus petite taille. La 5e Brigade est la formation typique de l'armée de terre. Elle compte 10 unités sous sa responsabilité immédiate et une sous son contrôle opérationnel: 3 bataillons d'infanterie, dont 2 du célèbre Royal 22e Régiment, un bataillon de services, un régiment blindé, un régiment d'artillerie, un régiment de génie, un escadron de transmissions, une compagnie d'ambulances de campagne et un peloton de police militaire. À cela s'ajoute un escadron tactique d'hélicoptères qui fait théoriquement partie du Commandement aérien mais dont dispose la brigade. Voilà un des bienfaits de l'unification. Pour les soldats et officiers, le point de référence est l'unité à laquelle ils appartiennent quotidiennement, que ce soit un bataillon ou un régiment. C'est aussi à l'unité que va la loyauté du militaire car, dans le système canadien, un bataillon ou un régiment peut être transféré à une autre brigade. Il est cependant rare que les soldats, les sous-officiers et les officiers changent d'unité, sauf les 25 000 militaires qui ne sont pas affiliés à l'une des trois armées.

Lors de la crise autochtone, les 1 200 fantassins des deux bataillons du Royal 22e Régiment se sont installés face aux barricades. Ce sont ces militaires qui ont été le plus en contact avec les Mohawks. Ils pouvaient compter sur le soutien d'un bataillon de réserve déployé non loin de Kahnawake, le Royal Canadian Regiment, et d'un régiment d'artillerie (le 5e RALC) qui servait aussi de réserve pour le commandement installé autour d'Oka.

Tous ces militaires étaient appuyés dans leurs actions quotidiennes par les autres unités de la 5e Brigade, qui remplissaient des fonctions bien définies. Ainsi, les militaires du régiment de génie étaient-ils chargés des opérations de ratissage et de démantèlement des barricades, alors que les membres de la police militaire s'occupaient des Warriors, lesquels se sont rendus le 26 septembre.

Même si tous les éléments de la 5e Brigade ont participé à l'opération Salon, le travail de manœuvres, d'encerclement, de patrouille et d'affrontement avec les autochtones a été accompli principalement par les militaires de l'infanterie. Ce sont eux qu'on appelle communément les «vrais» soldats et que l'on voit le plus souvent à la télévision ou dans des films de guerre. Mais les fantassins ne sont pas les seuls militaires à combattre. En fait, tous les militaires des Forces armées sont aptes à se battre le moment venu puisqu'ils ont tous subi l'entraînement de base avant de choisir leur métier ou leur affectation au sein des multiples services de l'appareil militaire. De plus, si les membres de l'infanterie assument la lourde tâche du combat rapproché, ce sont les artilleurs et leurs puissantes machines, situés en général derrière la ligne de front, qui infligent les pires ravages lors d'une bataille. On estime que l'artillerie «a causé plus de la moitié des pertes de l'ensemble des batailles de la Seconde Guerre mondiale[2]». Cependant, les fantassins sont chargés du plus sale boulot, celui de se battre sur le terrain, d'envahir un territoire, de le contrôler, bref d'occuper physiquement un espace géographique déterminé. Bien sûr, la marine et l'aviation jouent des rôles importants. L'aviation est même la pierre angulaire de toute guerre moderne; c'est souvent le contrôle de l'espace aérien qui détermine l'issue du combat. Mais sans l'infanterie, la victoire ne peut pas être complète. Ainsi, dans le golfe Persique, l'aviation alliée a bombardé sans relâche l'Irak et le Koweit, infligeant de lourdes pertes à l'ennemi. Mais pour libérer l'émirat, les forces terrestres alliées ont dû envahir le Koweit.

Les fantassins et les sous-officiers qui les entraînent sont les militaires les plus aguerris des Forces armées. Ils doivent constamment se maintenir en bonne forme physique, se livrer à des exercices et à des travaux pénibles et vivre dans un milieu pas très confortable. Rien à voir avec les pilotes de l'aviation, par exemple. Les militaires de l'infanterie passent de longues semaines en manœuvres ou en exercices et de longues heures à entretenir leur matériel. Tous ces efforts ne sont pas déployés en vain. Si un conflit éclate, ils devront creuser des tranchées, déployer des fils barbelés et construire des abris, établir des périmètres de sécurité et résister aux rigueurs du climat, au stress qu'impose une situation de combat ainsi qu'à l'ennui de longs tours de garde. Tout cela, ils l'ont fait lors de la crise autochtone. Ultimement, ils devront se battre contre un ennemi aussi bien entraîné qu'eux. C'est une tâche souvent surhumaine et à laquelle bien des soldats résistent mal. Comme l'écrit si bien l'expert militaire américain Richard A. Gabriel dans son livre intitulé *Il n'y a plus de héros,* «l'infanterie demeurera toujours de la chair à canon pour ceux qui y servirent». Selon Gabriel, «l'infanterie a toujours subi les pertes les plus élevées, au cours de toutes les guerres, depuis le XVIe siècle[3]». Et cela n'est pas près de changer avec la croissance phénoménale de la puissance des armes modernes.

Les fantassins sont conscients du risque énorme qu'ils prennent. Il faut dire que n'importe quel militaire, aviateur ou marin peut mourir en temps de guerre. «Se battre dans la boue et mourir dans une tranchée n'a rien de très éclatant, concède un soldat du 2e bataillon du Princess Patricia's Infantry Regiment de Calgary. Mais j'ai choisi l'infanterie par goût du risque et pour l'aventure.» Voilà des raisons pour s'enrôler dans l'armée qu'on entend souvent dans la bouche des militaires, particulièrement chez ceux qui occupent des postes de combat.

Pour que les fantassins et tous les militaires, par exemple les artilleurs, les tankistes, les signaleurs, les ingénieurs et même les cuisiniers, participent directement ou indirectement à des combats, l'armée de terre est organisée selon une structure hiérarchique et organisationnelle qui fait de chaque militaire un élément clé de tout le système. Cette structure bâtie autour du régiment et du bataillon génère la solidarité nécessaire en cas de combat et un mode de vie particulier en période de paix. Les membres de ces unités sont liés par une indéfectible loyauté. On retrouve ces mêmes liens émotionnels et ces mêmes sentiments dans la marine et, dans une moindre mesure, dans l'aviation. Cela s'explique aisément. Les militaires de l'armée de terre, comme les marins, travaillent toujours en groupe, partagent les mêmes quartiers d'habitation, les mêmes salles de repas et souvent les mêmes endroits pour dormir (tentes, chambres ou lits superposés dans les sous-marins par exemple). Il n'y a pas beaucoup de place pour le travail individuel, contrairement à ce qui prévaut dans l'aviation, où le pilote, malgré la nuée de techniciens qui l'entourent, est seul. Cette proximité physique permet le développement de liens très forts qui sont entretenus par le fait que les Forces armées constituent une espèce de grande garderie où l'on s'occupe de vous et de vos moindres besoins pendant toute la durée de votre séjour, qui peut s'étaler sur trente-cinq années.

Dans une armée de terre, la structure organisationnelle est la suivante. La plus petite entité est une équipe de tir, en général composée d'environ deux à quatre militaires commandés par un sous-officier (caporal-chef). Puis vient la section, formée d'environ 10 militaires dirigés par un sous-officier (sergent). Trois ou quatre sections constituent un peloton (25 à 40 militaires), commandé par un officier (lieutenant). Un regroupement de trois pelotons (100 à 130 militaires) sous les ordres d'un officier (major) forme une compagnie. Trois à cinq compagnies (400 à 1 000 militaires) dirigées par un officier (lieutenant-colonel) composent un bataillon ou un régiment. La brigade comprend diverses unités comme des régiments et des bataillons (4 000 à 5 000 militaires); on trouve à sa tête un brigadier-général. Enfin, la division est un ensemble d'unités militaires (brigades et régiments, de combat et de services). Il existe une division dans l'armée de terre.

*

Si la plupart des sous-officiers — caporal, caporal-chef, sergent, adjudant, adjudant-maître et adjudant-chef — travaillent directement avec les soldats, il n'en est pas de même de bon nombre d'officiers (sous-lieutenant, lieutenant, capitaine, major, lieutenant-colonel, colonel, brigadier, major et lieutenant-général). Tous les colonels ne commandent pas des bataillons et des régiments. En fait, la très grande majorité des officiers supérieurs travaillent au quartier général de la Défense nationale à Ottawa, dans une des 30 bases militaires ou dans une des nombreuses institutions de formation où ils occupent le plus souvent des fonctions d'état-major. Plusieurs remplissent des postes d'attachés militaires à l'étranger. Certains brigadiers et la plupart des majors et des lieutenants-généraux dirigent des commandements (air, terre, mer, région du NORAD, etc.) ou des écoles militaires ou assument des fonctions politiques (sous-ministre). Toutefois, grâce au système de rotation (tous les trois ou quatre ans), de nombreux officiers quittent leurs bureaux pour retourner à la «base».

Cette différence entre la situation des sous-officiers et celle des officiers provoque des frictions continuelles entre les deux groupes. La plupart des sous-officiers restent attachés à leurs unités militaires et passent souvent plus de vingt ans avec le grade de caporal ou de sergent à entraîner la troupe. Ils accumulent ainsi une expérience considérable. On dit d'ailleurs que si les batailles sont gagnées par les généraux, les guerres le sont par les sergents et les soldats. Les officiers, eux, passent moins de temps avec la troupe et au même endroit. Si on veut monter en grade, on doit bouger et accepter de voyager constamment. De plus, un officier ne possède pas toujours la même compétence technique qu'un sous-officier. Ainsi, un lieutenant ou un capitaine de vingt-cinq ans qui, à peine sorti du collège militaire, se voit confier un peloton devient le supérieur hiérarchique de tous les sous-officiers et ce sont ses ordres qui ont priorité. Cela ne va pas sans récriminations du côté de ces derniers.

Ce problème, c'est l'éternel affrontement entre la compétence gagnée sur le terrain et celle acquise dans les collèges et les universités. Les militaires qui obtiennent des diplômes d'enseignement supérieur font l'objet d'une cour assidue: on désire qu'ils poursuivent leur carrière au-delà des cinq années qu'ils doivent consacrer à l'armée en retour des études qu'on leur a payées. Les officiers sont bichonnés. On leur offre un commandement ou un emploi de spécialiste bien rémunéré pour un travail en génie aérospatial ou le maniement d'armes, de radars ou de matériel qu'utilise une armée de plus en plus moderne et avide de haute technologie. Si les officiers les plus spécialisés ne recevaient aucune gratification financière ou sociale, ils quitteraient rapidement les Forces armées pour le secteur privé où les salaires et avantages sont souvent plus intéressants. L'aviation a un mal fou à garder ses pilotes. Les Forces armées recrutent difficilement des ingénieurs, des informaticiens, des dentistes ou des médecins. L'éducation et la spécialisation se paient très cher dans une armée de volontaires.

Mais la question de la compétence n'explique pas toutes les frictions entre les deux groupes. Il y a un aspect bien humain à cette rivalité. Un sous-officier ayant vingt ans d'expérience a toujours du mal à recevoir des ordres d'un jeune blanc-bec de vingt-cinq ans, si aimable soit-il. De plus, les sous-officiers n'aiment pas tellement voir les officiers supérieurs faire de la politique sur le dos des troupes. Dans une armée qui manque chroniquement d'équipements de base, les sous-officiers réclament, les officiers proposent et le gouvernement dispose. Les premiers reprochent aux seconds de ne pas faire assez pour la troupe et de ne penser qu'à leurs promotions.

Si, comme l'écrit Gabriel, l'infanterie est la chair à canon des guerres, cela ne veut pas dire que l'armée de terre soit composée de brutes et de robots musclés destinés à une fin tragique. Bien au contraire. La complexité croissante des systèmes d'armes et le raffinement des méthodes d'administration d'une grande organisation comme les Forces armées exigent de plus en plus de militaires éduqués et flexibles. Et les sous-officiers ne sont pas en voie de disparition.

*

Pendant l'opération Salon, l'armée de terre déployée autour d'Oka et de Kahnawake comptait plusieurs femmes à tous les niveaux et même dans des postes de combat, sauf dans l'infanterie. Il y a une quinzaine d'années, les femmes étaient presque absentes des Forces armées. Elles travaillaient strictement comme agents de bureau ou infirmières. Aujourd'hui, le Canada se classe parmi les trois pays occidentaux ayant la plus importante représentation féminine dans leurs forces armées. Environ 11 % des effectifs militaires américains et israéliens sont constitués de femmes alors qu'au Canada les femmes représentent 10,7 % des effectifs. En France, les femmes militaires ne forment que 2,4 % de l'armée; en Union soviétique: 0,2 %. Le Canada se situe à l'avant-garde de bien des pays occidentaux en matière d'intégration des femmes aux postes de combat (exception faite de la Belgique, des Pays-Bas et de la Norvège, qui ont cependant des effectifs féminins inférieurs à 2 %). Après une longue lutte politique et de nombreux recours judiciaires appuyés sur la Charte des droits, le ministère de la Défense nationale a mis en place en 1989 un programme étalé sur dix ans qui permettra que tous les postes de combat soient ouverts aux femmes et que celles-ci puissent être intégrées à n'importe quelle unité militaire, sauf celles qui sont chargées des sous-marins. Aux États-Unis, par exemple, les femmes n'ont pas accès aux postes de combat.

Avant la décision ministérielle de 1989, la promotion des femmes n'était pas bloquée pour autant. Elles avaient accès à la très grande majorité des classes et métiers dans les Forces armées, et ce, tant au niveau de la troupe que chez les sous-officiers et les officiers. Aujourd'hui, tous les postes leur sont ouverts, sauf celui de sous-marinier. On retrouve des femmes sergents, lieutenants, majors, colonels; il y a même un brigadier-général. Des femmes occupent des postes de mécanicien, de contrôleur de l'air, de technicien de moteurs d'avion, d'ingénieur et de technicien en systèmes d'armes. Bien sûr, les femmes sont sur-représentées dans certains métiers liés à la médecine, aux services sociaux et à l'administration. De plus, les femmes sous-officiers et officiers occupent encore des grades subalternes par rapport aux hommes. Et puis il n'y a qu'une seule femme brigadier-général, direz-vous. Tout cela s'explique. D'abord, pour accéder à ce grade, il faut une moyenne de vingt-sept ans de service. Rares sont les femmes qui ont autant d'expérience. Cette explication vaut aussi pour la sur-représentation des officiers féminins dans les rangs subalternes. Selon une étude menée par Carol Strike, «il se peut que ces différences de grade entre les hommes et les femmes soient déterminées par des différences d'ancienneté. En fait, l'écart est beaucoup moins marqué parmi les personnes recrutées récemment. Par exemple, en 1988, environ 30 % tant des hommes que des femmes officiers recrutés entre 1983 et 1987 avaient dépassé le grade de lieutenant[4].» Le temps semble travailler pour les femmes.

On remarque bien quelques résistances à l'intégration complète des femmes dans les Forces armées. Selon le brigadier-général Dan Munro, responsable du bureau pour l'intégration des femmes dans les postes de combat, les femmes ne connaissent aucune difficulté à entrer dans des régiments d'artillerie ou des escadrons de transmissions et réussissent très bien à occuper des postes sur des destroyers et à piloter des CF-18. Elles constituent 16 % du personnel de l'armée de l'air, 7,7 % de la marine et 6,7 % de l'armée de terre[5]. Ces chiffres indiquent un problème dans l'armée de terre et plus particulièrement au sein de l'infanterie. La plupart des 48 femmes qui se sont engagées dans l'infanterie en 1989 n'ont pas résisté aux difficultés du programme d'entraînement. «Ce n'est pas la force physique qui manque, c'est une question d'endurance et de résistance», explique Munro[6]. Il est vrai que le programme est particulièrement éprouvant. En plus des dix semaines de cours de base que toute recrue doit suivre en entrant dans les Forces armées, celles qui choisissent l'infanterie reçoivent un supplément de seize semaines qui se termine par dix jours de manœuvres et d'exercices laissant peu de place au sommeil et au repos. Pendant ces dix jours, le fantassin doit transporter sur son dos, souvent pendant de longues heures et sur de longues distances, un équipement standard qui peut peser jusqu'à 45 kg. On retrouve dans ce sac des vêtements, des vivres, un sac de couchage, des articles nécessaires à l'hygiène personnelle, etc. Ce poids vient s'ajouter aux 24 kg de l'attirail de combat: fusil, munitions, grenades, casque, gourde, gamelles, imperméable, etc. Nombre de jeunes hommes ne peuvent supporter ce qu'on exige d'eux; certaines jeunes femmes ne passent pas au travers non plus.

Outre ces problèmes physiques, l'intégration des femmes se bute à une résistance bien humaine que l'on retrouve surtout au sein de l'armée de terre et de la marine. Comme je le mentionnais plus haut, les exigences de travail dans ces deux services ne ressemblent en rien à celles de l'aviation. Les militaires de l'armée de terre et de la marine font presque tout en groupe, ce qui ne va pas sans poser des problèmes lorsque des femmes s'intègrent à ces activités. J'ai pu le constater lors de visites dans de nombreuses bases situées au Canada et en Allemagne ainsi qu'auprès du contingent canadien pour le maintien de la paix à Chypre.

Disons tout de suite que l'attitude macho des hommes envers les femmes tend à disparaître, du moins chez les plus jeunes. On accepte volontiers que les femmes fassent le même travail que les hommes mais un certain malaise apparaît lorsqu'on discute de la participation des femmes aux combats. Bien des hommes reculent devant la possibilité de voir le corps d'une consœur criblé de balles. Non qu'ils acceptent mieux de ramasser le corps de leur confrère. Mais «c'est différent», disent bien des hommes.

En temps de paix, il demeure un problème plus pratique: celui de la cohabitation quotidienne entre hommes et femmes. C'est, en fait, un problème sexuel. Dans notre monde moderne, les femmes sont bien intégrées au marché du travail mais plusieurs subissent quand même, pendant les heures qu'elles passent sur le lieu de leur emploi, le harcèlement de certains de leurs collègues. Dans les Forces armées, principalement dans l'armée de terre et la marine, la cohabitation entre les deux sexes est permanente (bases, écoles) et peut parfois durer vingt-quatre heures sur vingt-quatre pendant des semaines (manœuvres militaires et vie sous la tente, navires). Cela ressemble à un collège mixte accueillant uniquement des pensionnaires. Il existe donc une tension sexuelle impossible à contrôler malgré la rigueur de la discipline.

Les militaires ne se jettent pas sur les femmes en plus grand nombre que leurs confrères dans la société civile. Il importe d'établir ici une distinction. La plupart des militaires sont mariés ou vivent avec un conjoint dans une base militaire ou dans les environs. D'autres, nombreux, célibataires ou ayant volontairement décidé de vivre éloignés de leur conjoint, habitent dans les bases et autres installations militaires. Pour eux, les occasions de rencontres sont plus nombreuses. Dans une base, les femmes militaires peuvent partager les mêmes quartiers d'habitation que les hommes. Les deux groupes mangent aux mêmes mess, font du sport dans les mêmes gymnases, lisent dans les mêmes bibliothèques. Ils vivent donc ensemble nuit et jour. La situation est la même sur un destroyer, mais à une échelle plus réduite. Et que dire des conditions de vie lors d'exercices et de manœuvres qui durent trois ou quatre semaines pendant lesquelles tous les militaires partagent les mêmes abris et les mêmes gamelles! Bref, les soldats se retrouvent couramment dans des situations exceptionnelles que les civils ne vivent pas. Pour ajouter à ces occasions génératrices de tensions, les amours qui se développent entre une femme et un homme donnent souvent lieu à de petites faveurs difficilement supportables pour le reste de la troupe. Un sous-officier ou un officier qui fréquente une jeune militaire peut lui accorder quelques dérogations, parfois insignifiantes, mais, dans le contexte d'un groupe elles feront néanmoins des mécontents. Tout cela est bien humain et reste difficile à régler, sinon par l'augmentation régulière du nombre de femmes ou par leur exclusion de certains postes comme cela se fait dans les sous-marins.

*

L'opération Salon, de l'avis de tous les experts et commentateurs, s'est très bien déroulée. L'armée de terre a fait preuve d'une maîtrise parfaite dans la coordination de ses opérations. Les bavures de ses membres ont été limitées à de rares incidents avec les Mohawks. Grâce à la couverture des médias, l'ensemble des Forces armées a tiré un immense bénéfice politique et social de cette crise. Malgré le fait que l'armée ait obtenu la récompense suprême, c'est-à-dire la reddition complète de l'adversaire sans avoir tiré un coup de feu, il faut cependant dire que la crise autochtone n'avait rien d'un scénario classique de guerre. En fait, cette crise n'avait rien de normal. D'un côté, une armée qui annonce le moindre de ses mouvements par voie de communiqués ou de conférences de presse, qui sert pratiquement le thé à ses adversaires et dont la mission n'est pas de les capturer ni de les écraser, qui permet aux médias de s'ériger en bouclier entre elle et ses adversaires, et qui a reçu comme mot d'ordre de ne pas tirer la première. Voilà qui est absolument renversant! Quand, de l'autre côté, on a, de surcroît des Warriors conscients de leur pouvoir médiatique et de la sympathie de la population envers la cause autochtone, qu'ils sont manipulateurs de politiciens et de journalistes et braves jusqu'à oublier qu'en moins d'une heure l'armée aurait pu les anéantir complètement, on se retrouve devant une situation vraiment exceptionnelle! La crise autochtone constituait-elle alors une répétition générale pour un éventuel conflit? C'était un bon exercice, mais cela n'avait rien à voir avec une vraie guerre.

Avant de se rendre sur les lieux, les militaires de la 5e Brigade de Valcartier ont reçu un entraînement intensif de cinq jours. «Il fallait conditionner les soldats à cette situation qui n'est pas normale pour eux, déclare le lieutenant-colonel Robin Gagnon, commandant du 3e bataillon du Royal 22e Régiment. Nos instructions portaient d'abord sur les aspects humains et psychologiques d'une intervention armée de ce type. On a demandé aux soldats de se maîtriser constamment et de faire preuve d'un grand sang-froid[7].» En effet, ce que les militaires devaient vivre n'était pas habituel. La guerre est un cataclysme dévastateur dont les effets se font sentir bien avant que les troupes n'arrivent sur les lieux de l'affrontement. Juste à l'idée de partir pour le front, de nombreux soldats sont paralysés par le stress, l'angoisse et la dépression. Ce sont les premières victimes d'un conflit. Ensuite, avant, pendant et après une bataille, les victimes de blessures psychologiques ou physiques sont légion. Au niveau opérationnel, rien ne fonctionne jamais comme prévu dans un environnement caractérisé par le chaos et la confusion. C'est dans une telle situation qu'on peut vraiment voir si les militaires des Forces armées, en général, et l'armée de terre, en particulier, peuvent tenir le coup.

La guerre du Golfe, au début de 1991, n'a pas permis de vérifier si l'armée de terre canadienne aurait pu se révéler à la hauteur de sa réputation. Seuls le 1er bataillon du Royal 22e Régiment, qui a été déployé à Qatar pour protéger la base aérienne canadienne dans cet émirat, et 23 ingénieurs spécialisés dans le déminage, qui devraient travailler dans le sud du Koweit jusqu'en mai 1991, ont été envoyés dans le golfe Persique. Un hôpital de campagne, qui avait aussi été mis sur pied, n'a cependant pas été utilisé.

Le gouvernement canadien n'a pas jugé bon envoyer des soldats d'infanterie en Arabie saoudite pour participer aux opérations terrestres contre l'Irak. Pour trois raisons bien précises. D'abord, l'armée de terre canadienne ne s'entraîne pas pour le combat dans le désert, contrairement aux unités américaines, françaises et britanniques qui ont été déployées en Arabie saoudite; elle constitue essentiellement une armée nordique, qui trouve toute son efficacité dans le combat en climat tempéré ou froid. De plus, la coalition multinationale n'avait pas besoin de renforts canadiens; elle disposait d'environ 700 000 militaires et pouvait compter sur des renforts disponibles rapidement. Enfin, le Canada l'eût-il désiré qu'il aurait eu toutes les difficultés du monde à déployer plusieurs milliers d'hommes dans le Golfe; disposant d'un nombre limité d'avions de transport, il aurait fallu des semaines avant de déployer une brigade de 5 000 militaires. Cette opération aurait dû être préparée à l'automne 1990 et non lors de l'offensive terrestre du 24 février 1991.

Chapitre 3

La mer est calme

Lorsque, le 2 août 1990, le président irakien Saddam Hussein a envahi et annexé le riche émirat du Koweit, personne, et certainement pas lui, n'imaginait que cette action entraînerait la plus importante crise internationale des dernières années et surtout la formation immédiate de la plus puissante coalition militaire depuis la Seconde Guerre mondiale. En quelques jours, la communauté internationale, les États-Unis en tête, a adopté des sanctions politiques, économiques et militaires sans précédent contre l'Irak et a mis sur pied une force multinationale d'intervention composée de 36 pays des cinq continents. Les grands pays occidentaux — États-Unis, Grande-Bretagne, France et Canada — et quatre pays arabes — Arabie saoudite, Égypte, Syrie et Émirats arabes unis — se sont chargés du gros du fardeau militaire et financier créé par le déploiement de cette force principalement installée en Arabie saoudite.

Le Canada a répondu immédiatement à l'appel de la communauté internationale. Le premier ministre Brian Mulroney a été l'un des premiers leaders politiques à se rendre à Washington pour assurer les Américains de l'appui indéfectible d'Ottawa. Dans les premiers jours de la crise du Golfe, le Canada a décidé d'envoyer sur place trois navires de guerre pour assurer le respect de l'embargo commercial et militaire contre l'Irak adopté par les Nations unies. Les trois navires canadiens se sont joints dès septembre aux forces navales multinationales patrouillant le golfe Persique, la mer

Rouge et la mer d'Oman. Chaque contingent national a reçu une mission bien particulière. Ainsi, le Canada s'est vu confier la tâche de patrouiller un secteur du golfe Persique, se mettant ainsi en position d'être attaqué par l'aviation irakienne. En quelques mois de patrouille, les deux destroyers canadiens — le *Terra Nova* et l'*Athabaskan* — et leur navire ravitailleur — le *Protecteur* — ont contrôlé plus de 25 % du trafic maritime dans cette région. À quelques reprises, les navires canadiens ont dû aborder des navires suspects et inspecter leur cargaison avant de les autoriser à poursuivre leur route.

La décision du gouvernement canadien d'envoyer trois navires de guerre dans le Golfe a fait sourire plus d'un Canadien. Les caricaturistes, plusieurs spécialistes militaires et de nombreux éditorialistes ont ironisé sur la marine canadienne et ses «trois chaloupes» cinglant vers les mers chaudes du Moyen-Orient pour affronter l'Irak de Saddam Hussein. Cette perception des choses a été alimentée par l'état lamentable dans lequel se trouvaient les navires en question avant leur départ de Halifax à la fin du mois d'août 1990. Le destroyer *Terra Nova,* trente et un ans de service, et son homologue, l'*Athabaskan,* vingt ans, étaient complètement dépourvus de systèmes de défense antiaérienne. Plusieurs spécialistes ont alors émis des doutes quant à leur possibilité de se défendre et ont souligné le manque d'entraînement des équipages, dont certains membres étaient plus jeunes que le bateau qui les transportait[1]. Tous étaient unanimes à reconnaître que la marine avait été l'objet d'une négligence incroyable de la part des différents gouvernements qui s'étaient succédé à Ottawa au cours des trente dernières années.

Contre mauvaise fortune, les militaires firent bon cœur. En treize jours, grâce à une foule de techniciens, de marins et de spécialistes se relayant vingt-quatre heures sur vingt-quatre, les deux destroyers et le navire ravitailleur furent équipés des armes les plus modernes. La Défense nationale réussit à y installer en un temps record des systèmes de défense antimissiles Phalanx, des canons antiaériens de type Bofors récupérés dans un... musée et des systèmes de défense antiaériens par missile de type Sea Sparrow. Tout cela fut littéralement vissé au plancher des navires canadiens, tout le monde priant pour que ça tienne. Le 24 août, par une journée magnifique et ensoleillée, les trois navires quittèrent Halifax pour le golfe Persique, via la Méditerranée et la mer Rouge. Pour assurer leur protection, le gouvernement annonça le 14 septembre qu'un escadron de 18 chasseurs CF-18 était envoyé dans l'émirat de Qatar. Nous reviendrons sur la participation des CF-18 dans le prochain chapitre, qui porte sur l'armée de l'air au Canada.

*

La marine canadienne est effectivement dans un piteux état. En janvier 1991, elle comptait un peu moins de 100 navires, dont 26 pouvaient être considérés comme de véritables navires de guerre, et 14 000 militaires, dont 10 000 lui sont directement affectés. Les autres bâtiments ont surtout des fonctions d'appui ou d'instruction: ce sont 60 navires de ravitaillement et de soutien et 12 navires-écoles. Certains experts estiment que si le gouvernement ne met pas très bientôt en œuvre une politique claire sur la défense du Canada, la marine pourrait voir ses effectifs encore réduits d'ici quelques années.

Il n'en a pas toujours été ainsi. Fondée en 1910, malgré l'opposition de bien des leaders politiques, dont Henri Bourassa, la Marine royale canadienne, comme on l'appelait alors, connut son apogée lors de la Seconde Guerre mondiale. À la fin des hostilités, elle comptait plus de 900 navires et se classait troisième en importance après celle des États-Unis et de la Grande-Bretagne. Les opérations que menèrent les marins et navires canadiens durant ce conflit ont certainement été déterminantes pour assurer la suprématie des Alliés sur la mer. En plus d'accompagner vers la Grande-Bretagne les navires commerciaux ou de ravitaillement, la marine remplit de nombreuses missions de lutte anti-sous-marine, un rôle qu'elle a ensuite gardé au sein de l'OTAN et qui constitue le cœur de l'activité maritime canadienne. Mais, vingt ans seulement après la guerre, la marine n'était plus que l'ombre d'elle-même. Elle alignait un porte-avions, que le gouvernement retira en 1969, ainsi qu'une cinquantaine de navires de guerre. Ses effectifs étaient passés de 94 000 en 1945 à 18 000 en 1966.

Certains pourraient dire, avec raison d'ailleurs, que les malheurs de la marine sont tout à fait dans l'ordre des choses en cette fin de siècle où l'aviation domine complètement les armées modernes. Les effectifs des marines de l'Union soviétique, des États-Unis, de la France et même de la Grande-Bretagne sont légèrement inférieurs à ceux de leurs aviations respectives. Comme la supériorité aérienne est indispensable lors d'un conflit, ainsi que l'ont démontré les premiers combats dans le golfe Persique, et que l'armée de terre doit disposer de forces adéquates et imposantes pour occuper le terrain, la marine est un peu laissée de côté. De plus, les coûts prohibitifs des armes nouvelles amènent les différents services à lutter avec acharnement pour obtenir leur part du gâteau. Les politiciens n'y comprenant pas grand-chose, il est facile de les convaincre qu'il vaut mieux acheter 140 chasseurs CF-18 pour 5 milliards de dollars que quelques sous-marins et bateaux pour le même prix. Les bateaux sont des cibles faciles en cette époque de missiles de croisière à bon marché alors que les avions, plus économiques que des frégates, sont plus agiles.

Même si les marines du monde entier doivent céder la place à l'aviation, la plupart des pays occidentaux investissent malgré tout le minimum pour maintenir une marine efficace et opérationnelle. Sauf le Canada. Il n'est pas question de comparer la marine canadienne à celle des États-Unis ou de la France mais plutôt de souligner que des pays aussi minuscules, en population ou en ressources économiques, que la Norvège, les Pays-Bas, la Suède et même la Corée du Sud et Taiwan alignent une flotte de navires impressionnants et ultramodernes. Cela est d'autant plus paradoxal que le Canada dispose de la plus longue frontière maritime du monde, étant bordé par trois grands océans.

Bien des raisons expliquent le «dénuement» de la marine canadienne. D'abord, les ressources. Comme on l'a vu au chapitre premier, le Canada consacre peu d'argent à la défense nationale. Après la guerre de Corée, ces ressources ont été massivement investies dans les salaires et dans l'entretien des bases, jusqu'au jour où on s'est aperçu qu'à peine 10 % du budget était alloué à l'achat de matériel. Il fut donc décidé de maintenir les vieux navires à flot et de réduire l'achat de nouveaux bâtiments de guerre. Une décision semblable hypothèque l'avenir pour longtemps puisqu'un sous-marin ou une frégate ne sort des cales qu'environ huit ans après le lancement d'un programme d'achat et de construction. La marine a dû réduire ses effectifs et réviser ses plans pour assurer une patrouille efficace des trois océans entourant le Canada.

En plus, politiquement, la marine a toujours été isolée. Née dans la controverse au début du siècle, elle n'a été que faiblement soutenue par les élites politiques et militaires. Dans un livre très partisan sur l'histoire de la marine canadienne, le commandant Tony German décrit comment les politiciens, particulièrement ceux du Parti libéral, qui gouverna le pays entre 1963 et 1984, ont selon lui détruit la marine[2]. Selon German, le ministre de la Défense Paul Hellyer, responsable de l'unification et de l'intégration des Forces armées canadiennes entre 1964 et 1968, est le grand responsable de cette catastrophe. Il affirme que le ministre, un apprenti militaire, décapita et éviscéra complètement la marine pour favoriser l'armée de terre et l'aviation. Son œuvre fut poursuivie par le gouvernement Trudeau, qui se détourna complètement de la marine, sauf peut-être à la fin de son règne, en 1983, alors qu'il autorisa la construction de six nouvelles frégates pour remplacer les destroyers qui prenaient littéralement l'eau.

German, malgré une dénonciation larmoyante et de nombreuses pages consacrées à la défense des inébranlables traditions des marins, a parfaitement raison. Toutefois, il passe un peu rapidement sur l'isolement complet de la marine du reste de l'armée et du système politique. Bien cantonnés dans leurs bases de Halifax, en Nouvelle-Écosse, et d'Esquimalt, en Colombie-Britannique, les amiraux, leurs officiers et les marins n'ont jamais entretenu beaucoup de contacts avec les politiciens et les mandarins d'Ottawa, ceux qui façonnent le destin de l'armée. On a accusé les membres de la marine d'être hautains, dédaigneux et détachés. Leurs représentants n'étaient jamais présents au moment où se prenaient les grandes décisions et préféraient rentrer rapidement dans leur base plutôt que de passer du temps à influencer tout ce qui compte dans la capitale fédérale. À ces critiques, les marins ont répliqué qu'ils n'étaient pas disponibles pour les mondanités sociales ou politiques puisqu'ils passaient la majeure partie de leur temps en mission un peu partout en mer. Cet éloignement physique, les officiers de l'aviation et de l'armée de terre ne le vivent pas, ce qui leur donne plus de temps pour discourir à Ottawa.

De plus, enfermée dans son monde, loin des manœuvres politiques, la marine a commis une erreur fondamentale qui l'a coupée du reste de l'armée pendant de longues années. Ses officiers supérieurs se sont opposés à l'unification et à l'intégration avec l'énergie du désespoir. Pendant toute la durée du débat, entre 1964 et 1968, ils ont tout tenté pour éviter de perdre leur identité et leurs traditions. Les émotions l'ont emporté sur la raison, au point où le ministre Paul Hellyer a dû congédier des officiers supérieurs qui avaient décidé d'étaler dans les journaux et sur la place publique leur profond désaccord avec la politique gouvernementale. La «révolte des amiraux» devait être écrasée et une douzaine d'officiers supérieurs s'effacer.

Vingt ans plus tard, la marine canadienne cherche de l'équipement et non un rôle. Car, contrairement à l'armée de terre — dont la principale tâche est, jusqu'à nouvel ordre, de défendre l'Europe — et à l'armée de l'air, qui assure de son côté la défense aérienne de l'Europe et celle du continent nord-américain, les rôles de la marine sont multiples et considérables dans un pays comme le Canada. Tant la géographie que les engagements politiques ont façonné au cours des quarante dernières années les multiples responsabilités que la marine doit assumer pour défendre le territoire et la souveraineté du Canada.

*

Pour les planificateurs militaires, le territoire canadien et son environnement géographique constituent des données incontournables. Ainsi, «le littoral du Canada est le plus étendu du monde avec ses 71 000 km, excluant la plupart des îles. Sa zone économique couvre environ 1 400 000 km^2 dans l'Atlantique et 380 000 km^2 dans le Pacifique, à quoi les eaux de l'archipel du Nord ajoutent 6 300 000 km^2. L'engagement du Canada envers l'OTAN comporte la surveillance de 2 760 000 km^2 au total du nord-ouest de l'Atlantique. En outre, aux termes des accords de défense conjointe avec les États-Unis, il est chargé, au premier chef, de la surveillance des 1 660 000 km^2 du Pacifique Nord», écrivaient en 1983 les sénateurs auteurs d'un rapport sur la défense maritime du Canada[3]. Ces données n'ont pas changé depuis.

Le Canada doit donc assurer le contrôle, la surveillance et, si possible, la défense d'une énorme masse maritime. Au sein des alliances militaires, il remplit ses fonctions en collaboration avec d'autres pays, mais en ce qui concerne sa zone économique et les mers du Nord, il est seul. De l'aveu même de l'ancien ministre de la Défense Perrin Beatty «à l'heure actuelle [1987], la marine canadienne n'est pas à même de s'acquitter des rôles susmentionnés, lesquels sont indispensables à notre sécurité et à notre souveraineté[4]». Pour tenir ces rôles, la marine dispose de 26 navires de guerre, dont 3 sous-marins, de 18 avions de reconnaissance maritime et 35 hélicoptères de guerre anti-sous-marine ainsi que d'une vingtaine d'autres appareils. Tout ce matériel est déployé sur les côtes Est et Ouest du Canada.

La marine peut-elle vraiment remplir ses missions militaires?

Examinons les engagements du Canada. Sur la côte Ouest, la base d'Esquimalt dirige les opérations de surveillance, de contrôle et de défense d'une grande région du Pacifique Nord, à l'aide d'un destroyer doté d'un hélicoptère, de sept autres destroyers, d'un navire de ravitaillement, de quatre aéronefs Aurora, d'avions de chasse CF-18, de six petits navires de patrouille et de quelques avions de recherche et de sauvetage. Aucun sous-marin. Sur la côte Est, le déploiement est plus considérable mais les responsabilités sont aussi plus nombreuses. Le commandement maritime de Halifax dispose de 3 sous-marins, d'une douzaine de destroyers, de 2 ravitailleurs, de 14 avions Aurora, de plusieurs escadrons de CF-18 et de 31 hélicoptères. Tout cela pour couvrir une grande partie de l'Arctique canadien et un secteur important de l'Atlantique Nord. Ces responsabilités sont si énormes que le jour où le Canada a ordonné à trois navires postés sur la côte Est de partir pour le golfe Persique en août 1990, un ancien amiral, Fred Crickard, a déclaré qu'«opérationnellement, le cœur de notre flotte de la côte

Est n'existait plus» et que seulement un résidu demeurait sur place sans possibilité de mener des opérations de défense.

Le matériel dont dispose la marine pour remplir ses engagements est désuet, malgré les nombreux programmes de modernisation qui réussissent tout juste à maintenir à flot et dans les airs sous-marins, destroyers, avions de patrouille et hélicoptères. Les missions confiées à la marine sont affectées par cette vétusté du matériel. Ainsi, dans le cadre de l'OTAN, le Canada participe aux efforts visant à contrer la menace sous-marine soviétique en patrouillant les abords de l'Amérique du Nord, en participant aux patrouilles de l'OTAN dans l'Atlantique et en transmettant à ses alliés des renseignements recueillis par son réseau de surveillance. Ces missions relèvent presque toutes de la lutte anti-sous-marine. Les sous-marins, les destroyers et les avions sont équipés de radars, de sonars, de torpilles et de bombes pour contrer la menace des sous-marins soviétiques. Cependant, les navires canadiens ont de la difficulté à rattraper leur retard technologique face à la modernisation croissante de la guerre maritime. Les experts se demandent si les destroyers actuels pourraient vraiment faire face à une attaque aérienne massive. La marine canadienne devra attendre le début de l'an 2000 pour disposer d'une flotte de surface ultramoderne de 12 frégates et de plusieurs destroyers armés pour la lutte anti-sous-marine et la défense antiaérienne. Et encore, selon les experts, pour mener à bien des opérations de lutte anti-sous-marine il faut disposer de sous-marins car «l'expérience a montré que les forces anti-sous-marines doivent compter sur le travail d'équipe entre les sous-marins, les navires de surface et les avions pour avoir le plus de chances possible de trouver les sous-marins ennemis», écrivaient en novembre 1990 les auteurs d'un rapport de la Chambre des communes sur la souveraineté maritime du Canada[5]. Or, les sous-marins canadiens utilisés actuellement sont arrivés au terme de leur vie et le gouvernement n'a pas encore décidé de les remplacer.

Deux des plus importants rôles de la marine canadienne sont de protéger la souveraineté du pays et de mener des opérations de recherche et de sauvetage. Dans le cadre de cette dernière mission, la marine a participé en 1989 à 8 233 opérations, en collaboration avec des ministères partageant certaines responsabilités maritimes. Quant à la protection de la souveraineté, c'est une mission d'envergure dont la définition n'est pas toujours facile à cerner. D'abord, il n'y a pas que la marine qui puisse défendre la souveraineté. L'armée de terre et l'aviation sont aussi mises à contribution. Ensuite, cette mission n'est pas uniquement militaire. Elle implique aussi la lutte contre le trafic de stupéfiants, contre l'infiltration terroriste, la pollution des eaux, l'exploitation illégale des ressources naturelles et l'immigration illégale. Toutes ces activités, qui ont évolué ou sont apparues au fil des ans, constituent des menaces à la sécurité et à la souveraineté du pays.

Les deux derniers livres blancs sur la défense nationale, ceux de 1971 et de 1987, ont mis l'accent sur la défense de la souveraineté. On entendait par là, dans les années soixante-dix, la surveillance du territoire contre des incursions éventuelles et surtout la protection de l'environnement et des richesses naturelles — par exemple, les pêcheries et le gaz naturel. Le gouvernement libéral de l'époque avait promis de consacrer plus de moyens financiers à la Défense pour s'assurer du respect de sa politique. La marine devait assumer une bonne partie du travail. Dix ans plus tard, un rapport du Sénat constatait qu'«à l'augmentation des revendications maritimes du Canada a correspondu une diminution de sa capacité de les faire valoir[6]». Les sénateurs écrivaient que les forces maritimes se trouvaient dans l'incapacité de remplir leurs différentes missions et proposaient un plan de douze ans pour doubler le nombre de navires.

En 1987, le gouvernement conservateur publiait son livre blanc dans lequel la définition de la défense de la souveraineté était passablement élargie. En plus de citer toutes les missions non militaires reliées à la défense de la souveraineté, le livre blanc insistait beaucoup sur les contestations juridiques entre Ottawa et Washington au sujet des eaux arctiques et sur la menace que faisaient peser sur le Canada les sous-marins soviétiques armés de missiles de croisière qui naviguaient dans cette région. Prenant à contre-pied l'optimisme débordant du livre blanc de 1971 qui avait été écrit en pleine détente Est-Ouest, celui de 1987 traçait une vision pour le moins pessimiste des relations entre les deux blocs et décrivait la puissance militaire soviétique comme la seule menace réelle pour les intérêts canadiens. Il donnait un très grand rôle à la marine dans la défense de ces intérêts. Dans son énoncé de politique, le gouvernement présentait un plan grandiose de rééquipement de la marine dont le cœur était l'acquisition de 10 à 12 sous-marins à propulsion nucléaire qui pourraient patrouiller les trois océans du Canada en tout temps. La marine demandait ce type de sous-marins depuis la fin des années cinquante mais n'osait trop espérer. Cependant, en avril 1989, la flotte de papier du gouvernement sombra lorsque le Cabinet annonça l'annulation du programme d'acquisition, faute d'argent. Dans le chapitre intitulé «Des sous-marins en perdition», on reviendra sur la petite histoire de cette grande ambition.

*

Aujourd'hui, la marine somnole. Les quelques navires de guerre encore en opération participent souvent à des exercices militaires avec des marines alliées dont les bateaux sont plus jeunes et plus modernes. La plupart du temps, ils effectuent des séjours dans les bassins de radoub pour subir des réparations ou recevoir de nouveaux équipements. Ils visitent aussi de nombreux ports, pour la plus grande joie du public, surtout des enfants.

En ce 24 novembre 1990, dans le port de Montréal, la silhouette longue et noire du sous-marin *Okanagan* surgit tranquillement de l'eau. Malgré un soleil magnifique, il fait un froid pinçant. Cela n'empêche pas des centaines de curieux, parmi lesquels une majorité d'enfants, de se bousculer sur le quai pour visiter le submersible à propulsion diesel. Comme ça, à demi immergé, on a du mal à croire que ce sous-marin loge 60 hommes d'équipage et 7 officiers pour des voyages qui peuvent durer entre un et trois mois. À l'intérieur, l'espace est si réduit, les machines si présentes qu'on se demande vraiment où tout ce monde vit réellement.

L'*Okanagan* est le plus jeune des trois sous-marins canadiens. Il a été mis en service en 1968 et, selon les spécialistes, il devrait prendre sa retraite après avoir atteint l'âge respectable de trente ans. Bien que d'ici quelques années, le Canada n'aura plus de sous-marins, le gouvernement ne s'est pas encore décidé à lancer un programme de remplacement. En attendant, les sous-mariniers font leur travail. Ils sont fiers de leur bâtiment et aiment bien le faire visiter. Mon guide est un jeune marin de première classe qui me montre l'écusson du sous-marin: un bel insigne rouge et or qui illustre, émergeant des flots azur et argent, le monstre marin Ogopogo. Selon une légende, ce monstre habiterait le lac Okanagan, en Colombie-Britannique, et, comme son homologue du Loch Ness, en Écosse, il émergerait de temps à autre.

Après être descendu dans le sous-marin par l'écoutille avant, je me retrouve près de la salle à manger. La cuisine est ouverte pratiquement sans relâche. Un sous-marin fonctionne vingt-quatre heures sur vingt-quatre, les sous-mariniers effectuant des rotations à toutes les six heures. Malgré une longueur de 90 mètres et une largeur de 8 mètres, tout est à l'étroit et minuscule dans ce submersible. Il faut continuellement baisser la tête et faire attention de ne pas trébucher. On étouffe. Pas mon guide toutefois. Dans la salle avant du sous-marin se trouvent les six tubes lance-torpilles qui peuvent être rechargés au cours d'un combat. Partout, il y a des couchettes, inconfortables, étroites et serrées les unes contre les autres. Il y en a même qui sont installées sur des torpilles, faute de place. Mon guide me conduit maintenant vers l'arrière du sous-marin pour me faire visiter la chambre des machines qui, lorsqu'elle fonctionne à plein rendement, est un véritable enfer. Il y fait parfois 70 °C et les sous-mariniers qui y travaillent ne peuvent rester plus de trois heures d'affilée. Le bruit est assourdissant. Tout le long du couloir qui relie les différentes sections du sous-marin sont installées les toilettes et la seule douche existante, des caisses de boissons gazeuses et encore des couchettes. Malgré qu'on en ait mis partout, il n'y a pas assez de couchettes dans pareil sous-marin, ce qui veut dire que plusieurs sous-mariniers partagent le même lit à des heures différentes. L'intimité est une chose rare dans un endroit semblable.

Le jeune sous-marinier qui m'accompagne a vingt-sept ans. Il est dans la marine depuis dix ans. Il a passé sept ans sur un ravitaileur puis sur un destroyer avant de décider de joindre le club fermé des sous-mariniers. Il ne semble pas le regretter. Pourtant, malgré certaines similitudes, la vie dans un sous-marin n'est pas la même que sur un destroyer. Les navires de surface sont généralement plus longs et plus larges que les sous-marins et, malgré un équipage trois fois plus important, on y respire mieux. La raison en est bien simple. Tous peuvent monter sur le pont pendant un moment pour prendre une bonne bouffée d'air frais et admirer l'immensité de la mer. Alors que dans un sous-marin, malgré la climatisation, il règne toujours une petite odeur de mazout ou d'huile. «Maintenant que je connais les deux types de navires, j'avoue préférer les sous-marins, affirme mon guide. L'esprit de camaraderie y est plus présent. C'est moins formel. Tout le monde porte le même vêtement de travail.»

Les sous-mariniers sont certainement le groupe de militaires le plus uni mais aussi le plus isolé des Forces armées canadiennes. Ils forment une vraie famille et peu de soldats partagent autant d'intimité et d'émotions. Lorsqu'un sous-marin part en mission, il peut s'écouler jusqu'à quarante jours sans qu'il remonte totalement à la surface. Certaines missions peuvent durer plusieurs mois, entrecoupées de très courtes haltes dans des ports. Il arrive souvent que ces marins particuliers ne voient pas leur famille pendant plus de six mois. Certes, cela n'a rien d'exceptionnel dans l'armée. Le soldat membre de la force du maintien de la paix à Chypre n'entretient que peu de contacts avec sa famille pendant les six mois qu'il passe sur l'île. D'autres, postés dans le Grand Nord canadien, restent isolés pendant de longues semaines. Dans l'armée de terre, certaines manœuvres durent plusieurs semaines et l'esprit de corps est indipensable à la bonne cohésion de la troupe. Mais tous ces militaires peuvent, à un moment ou un autre, se réfugier quelques minutes ou quelques heures dans un endroit tranquille, dans une rue de Nicosie, de Lahr, de Bagotville ou de Cold Lake, dans un mess de soldats ou d'officiers, ou tout simplement déambuler dans leur base pour se dégourdir les jambes. Pas les marins et encore moins les sous-mariniers. C'est une simple question d'espace. Ces militaires n'en ont pas.

La visite de l'*Okanagan* est terminée. Le jeune marin me raccompagne au pied de l'écoutille arrière. Quand j'escalade l'échelle, la lumière du ciel m'aveugle.

Chapitre 4

Top Gun... canadien

Nous sommes le 27 février 1991. Les CF-18 canadiens viennent d'effectuer leur dernière mission de bombardement au Koweit avant la conclusion d'un cessez-le-feu entre l'Irak et les Alliés. Tous les jours depuis le 17 janvier, ils se sont élancés vers le ciel pour de nouvelles missions de patrouille, de surveillance, d'entraînement et d'interception au-dessus du golfe Persique. C'est la première fois depuis la Seconde Guerre mondiale que des avions canadiens participent à un conflit armé. Le 30 janvier, les CF-18 ont tiré leurs premiers missiles sur des objectifs irakiens. Ce jour-là, c'était vraiment la guerre pour les aviateurs canadiens.

Les fameux avions de chasse canadiens ne sont arrivés au Qatar, dans la région du Golfe, qu'au début d'octobre, après que le gouvernement fédéral eut décidé d'augmenter sa participation à l'effort de guerre allié contre l'Irak. Trois navires ont d'abord été dépêchés sur les lieux, suivis d'un premier contingent de 18 chasseurs CF-18 puis de 8 autres. Au début, les chasseurs devaient remplir une mission strictement défensive, soit celle d'assurer la sécurité des navires canadiens et alliés qui faisaient respecter l'embargo des Nations unies contre l'Irak. Les pilotes canadiens étaient toutefois autorisés à se défendre contre d'éventuelles attaques d'avions irakiens. Du 17 janvier au 27 février, les avions canadiens, en état de guerre, ont participé à des missions offensives en accompagnant des bombardiers américains chargés de frapper des objectifs militaires en Irak et au Koweit. Si des avions irakiens se trouvaient dans les parages, les pilotes des CF-18 avaient pour mission de les abattre avant qu'ils ne frappent les bombardiers américains. Pendant les derniers jours de la guerre, les CF-18 ont même bombardé des objectifs irakiens au Koweit.

La participation des CF-18 aux opérations militaires dans le Golfe était certainement l'élément le plus spectaculaire de l'engagement canadien auprès de la force multinationale qui s'est liguée contre l'Irak. La marine canadienne disposait de très peu de navires et d'effectifs et sa spécialisation anti-sous-marine limitait fortement son rôle dans le golfe Persique. Quant à l'armée de terre, il était exclu qu'elle participe à des opérations terrestres visant à libérer le Koweit. Du côté du Canada, c'est donc l'aviation qui a été mise à contribution dans ce conflit. C'est d'ailleurs ce que le Canada avait de mieux à offrir.

Si cette guerre était la première à laquelle le Canada participait depuis celle de Corée en 1950, c'était aussi le baptême de feu pour les chasseurs CF-18 qui n'avaient jamais entrepris de missions militaires offensives depuis leur mise en service dans les années quatre-vingt. Pour les pilotes canadiens au Qatar, dont plusieurs volaient sur le CF-18 depuis son acquisition par l'aviation canadienne en 1982, c'était la première occasion d'utiliser réellement cet appareil. Les chasseurs canadiens ont effectué quelques 2 700 sorties et 56 missions de bombardements sans subir un seul accident.

*

Le chasseur CF-18 est le fleuron de l'armée de l'air canadienne. C'est, de l'avis des spécialistes et surtout des pilotes, le meilleur chasseur-bombardier du monde, même si les F-15 et F-16 le surpassent à certains niveaux. Au Canada, le CF-18 suscite une admiration mêlée de crainte et parfois de moquerie. Chaque fois qu'un de ces avions s'écrase, les médias en font des gros titres alors que les chroniqueurs s'interrogent sur les performances de l'appareil et l'habileté de ses pilotes. Il est vrai qu'après avoir perdu douze avions en six ans, dont cinq dans les six premiers mois de 1990, le commandement de l'armée de l'air avait un peu de difficulté à défendre son avion. Et pourtant. Il semble assuré qu'un seul de ces accidents soit dû à un problème technique et que les autres soient le résultat d'erreurs humaines. La machine aurait-elle dépassé l'homme?

Malgré ces ennuis, l'armée de l'air fait l'envie des autres services au sein des Forces armées canadiennes. Et pour cause. L'armée de terre a toujours été le parent pauvre de toutes les armées puisqu'elle utilise un matériel assez rudimentaire et que l'on compte surtout sur la force de frappe de ses soldats. La marine connaît un déclin profond et on n'aperçoit aucune bouée de sauvetage pour les prochaines années. L'armée de l'air, elle, a toujours tout eu ou presque. Cet état de choses résulte de changements technologiques considérables survenus au cours des cinquante dernières années, lesquels ont permis à l'aviation d'occuper une place prépondérante dans les armées modernes. Si tous les éléments d'une armée sont nécessaires pendant une guerre, l'aviation est devenue la force de frappe vitale qui permet d'atteindre l'ennemi plus profondément, d'écraser ses forces de première ligne mais aussi d'arrière et, par la désorganisation qu'elle engendre, d'ouvrir la voie à l'armée de terre pour qu'elle occupe le terrain. De plus, à l'ère atomique, les avions armés d'engins nucléaires demeurent, avec les missiles balistiques, des armes redoutables. En période de paix, l'aviation reste, pour de nombreux pays, une puissante force de dissuasion et un moyen essentiel de protéger leur souveraineté.

Mais il n'y a pas que ces raisons qui poussent des pays dont le budget militaire est limité, comme le Canada, à favoriser ce service au détriment des autres, qui n'offrent pas autant d'universalité. L'entretien d'une aviation moderne coûte cher, car la plupart des militaires qui y travaillent sont des spécialistes dont la formation a exigé des Forces armées un investissement considérable. On ne peut pas se permettre de les voir quitter l'aviation rapidement et de devoir recommencer avec de nouvelles recrues, comme cela se produit fréquemment dans l'armée de terre ou même dans la marine, bien que ces deux services font maintenant de plus en plus appel à des militaires spécialisés. L'adoption d'engagements militaires bien précis par le Canada a aussi favorisé l'aviation. La participation au système de défense aérospatiale de l'Amérique du Nord (NORAD) et à des missions aériennes en Europe, la surveillance des eaux et du territoire canadiens et l'envoi de troupes pour des opérations de maintien de la paix ont permis le développement de la composante aérienne des Forces armées canadiennes.

Consciente de son importance au sein d'une armée moderne, l'armée de l'air canadienne a développé au cours des ans un puissant lobby au sein du quartier général de la Défense nationale à Ottawa. Bien des experts et des militaires ne se gênent pas pour dire que les officiers supérieurs de l'armée de l'air dominent le grand état-major et imposent leurs priorités lors de la préparation des budgets et des listes d'épicerie. Est-ce vrai? Eh bien, cela dépend de la façon dont on examine le problème. Si l'aviation domine les armées, alors ses représentants ont nécessairement plus de poids lorsque le ministère doit faire des choix. En plus, comme la marine est en déclin, que ses bateaux coûtent extrêmement cher et que ses officiers se sont longtemps coupés du pouvoir, elle est mal placée pour intervenir politiquement. Quant à l'armée de terre, ses besoins en matériel sont plutôt limités, ce qui n'en fait pas un concurrent coriace.

L'armée de l'air, ou plus officiellement le Commandement aérien, est le plus grand commandement des Forces armées canadiennes. Elle compte 36 700 militaires, dont

22 000 lui sont directement attachés. Les 14 700 autres sont des militaires qui peuvent travailler dans les cinq autres commandements à titre d'employés interchangeables. L'aviation peut compter sur une vaste infrastructure de 16 bases aériennes et de dizaines d'autres points d'appui ainsi que sur un matériel important et diversifié. On compte 23 modèles différents pour 635 avions, qui vont du chasseur CF-18 à l'appareil d'entraînement Tutor en passant par les hélicoptères de lutte anti-sous-marine Sea King et les avions de transport Hercules et Buffalo.

*

Quelques mots sur la structure organisationnelle. Le quartier général de l'armée de l'air, situé à la base militaire de Winnipeg, coordonne les activités de six commandements fonctionnels dont les quartiers généraux sont disséminés à travers le pays: le Groupe de chasse, le 14e Groupe d'instruction, le Groupe transport aérien, le Groupe réserve aérienne, le Groupe aérien maritime et le 10e Groupement aérien tactique. Ces deux dernières unités aériennes sont prêtées à la marine et à l'armée de terre. Chacun de ces commandements a un rôle bien particulier à jouer. Ainsi, le Groupe de chasse, dont le quartier général est situé à North Bay, en Ontario, dirige une partie de la flotte de 120 chasseurs CF-18 ayant pour mission de défendre l'espace aérien du Canada et de l'Amérique du Nord dans le cadre de l'accord NORAD et de prêter main-forte à la brigade mécanisée déployée en Europe dans le cadre de l'OTAN. Le Groupe de chasse compte sur deux grandes bases aériennes, Cold Lake, en Alberta, et Bagotville, au Québec, où l'on retrouve plusieurs escadrons de CF-18. Par exemple, à Bagotville, l'escadron 425 est chargé des missions du NORAD alors que l'escadron 433 est toujours prêt à être dépêché en Europe en cas de guerre pour renforcer les trois escadrons déjà déployés à la base aérienne de Baden-Soellingen, en Allemagne, sous le contrôle opérationnel du commandement des Forces canadiennes en Europe. À Cold Lake, on trouve la même division du travail: l'escadron 441 est destiné au NORAD et le 416 à l'Europe. En temps de paix, les escadrons 425 et 441 du NORAD maintiennent des chasseurs en état d'alerte constant à leurs bases opérationnelles de déploiement — Comox en Colombie-Britannique et Goose Bay à Terre-Neuve. En période de tension, ces escadrons se déploieraient vers cinq bases d'opérations avancées du Grand Nord situées à Inuvik, Yellowknife, Rankin Inlet, Iqaluit et Kuujjuaq. Le Groupe de chasse dirige aussi un escadron de guerre électronique composé d'avions Challenger spécialement équipés pour ce genre de mission.

Comme son nom l'indique, le 14e Groupe d'instruction s'occupe d'une partie de l'entraînement des futurs pilotes. Il dispose à cet effet de plusieurs écoles de pilotage et de 30 CF-5, 108 Tutor, 20 Musketer et d'une trentaine d'avions de transport et d'hélicoptères. La formation sur CF-18 se fait au sein d'un escadron spécial (410) déployé à Cold Lake. Les quelque 30 avions et hélicoptères de la Réserve aérienne ont une double mission: sauvetage aérien ainsi que formation et entraînement.

Enfin, l'armée de l'air prête à la marine et à l'armée de terre des unités aériennes. Ainsi, la marine, pour ses opérations de lutte anti-sous-marine, peut compter sur 35 hélicoptères Sea King et 18 avions Aurora, qui peuvent aussi être consacrés à la surveillance aérienne. L'armée de terre dispose d'une centaine d'hélicoptères destinés au soutien des troupes. Sept escadrons se trouvent au Canada et un en Allemagne. Les hélicoptères Kiowa sont affectés à l'observation du champ de bataille, les Twin Huey, au transport sur place, et les Chinook, au transport lourd. La marine et l'armée de terre comptent chacune un escadron d'entraînement pour leurs appareils.

Il y avait, en janvier 1991, quelque 2 600 pilotes dans l'armée de l'air canadienne, ce qui veut dire environ quatre pilotes par avion ou hélicoptère[1]. Bien sûr, tout ce monde ne vole pas à longueur d'année. Comme dans les autres services des Forces armées, chaque pilote change de fonction tous les trois ans et doit accepter à cette occasion un poste d'instructeur, de commandant ou d'administrateur. Des centaines d'entre eux travaillent actuellement dans les différents quartiers généraux et bases militaires de la Défense nationale à des tâches purement administratives. Toutefois, on prend des mesures pour que les pilotes ne «rouillent» pas; il n'est pas rare d'en voir certains, âgés de quarante à cinquante ans, voler plusieurs fois par an. Enfin, il est normal qu'il y ait plus de pilotes que d'avions, histoire de pouvoir compter sur une réserve en cas d'accident, de maladie ou de guerre. Ainsi, dans un escadron normal de 12 à 16 chasseurs CF-18, on compte entre 20 et 25 pilotes qui se relaient pour s'entraîner et pour effectuer des missions de surveillance, de contrôle aérien ou d'interception. Certains militaires et experts estiment tout de même que le Canada manque de pilotes.

*

Tous les pilotes militaires canadiens ne volent pas avec des CF-18. Bien au contraire. À peine 200 pilotes ont acquis à ce jour l'expérience nécessaire pour voler sur les 120 CF-18 que l'armée de l'air possède. Ce petit groupe forme au sein de l'aviation une élite dont les membres connaissent bien leur importance. Les pilotes de CF-18 ne sont pas arrogants: ils sont juste un peu plus flamboyants que les autres.

Passer quelques heures avec des pilotes de CF-18, c'est entrer dans un monde bien particulier. On les dirait tout droit sortis d'un film tant ils rayonnent d'assurance et de vigueur. Ces pilotes ont été formés pour être les meilleurs. On ne cesse de leur dire, pendant leur entraînement, qu'ils le deviendront. Lorsqu'ils sont affectés à un escadron, ils reçoivent un bijou de très grande valeur: un des chasseurs-bombardiers les plus performants au monde, qui coûte 35 millions de dollars. Cet appareil est un peu le leur, même si, contrairement à la tradition de la US Navy, le nom de chaque pilote n'est pas écrit sur l'avion. Avec sa combinaison et son casque, entouré d'un imposant personnel de soutien qui voit à ce que tout fonctionne pour le mieux, le pilote de CF-18 semble toujours au-dessus de tout. Même au sol, il vole déjà.

L'impression que le pilote est un être à part a été formée par des dizaines de films dont il est le héros, par les images d'Épinal que les médias entretiennent sur le personnage et par le fait qu'un petit groupe restreint attire toujours plus que la multitude. Difficile d'échapper à cet attrait.

Voilà pour la légende. La plupart des pilotes de CF-18 n'ont rien à voir avec les héros des séries télévisées américaines ou des films à la *Top Gun*. Ils sont bien plus modestes, tout simplement parce que le Canada ne peut pas se payer tout le matériel et toutes les performances si facilement accessibles aux pilotes américains. En outre, le Canada ne joue pas un rôle militaire international et ses militaires ne se prennent pas pour des redresseurs de tort, sûrs de leur bon droit et de l'efficacité de leur machine de guerre. Si les pilotes américains sont d'une grande témérité et parfois bien arrogants dans leurs exploits, les pilotes canadiens sont tout aussi courageux et fort efficaces, comme ils le prouvent chaque année lors d'exercices conjoints avec leurs amis des États-Unis. Avec la modestie en prime.

*

Richard Duguay a fait partie de ce groupe privilégié: il a eu la chance de voler pendant plusieurs années sur un CF-18. Il a quitté l'armée de l'air en 1989. À trente-deux ans, avec le grade de capitaine en poche, il travaille maintenant pour une compagnie aérienne privée. Au cours de ses douze années dans l'aviation, ses compétences ont été reconnues par tous. La revue des Forces armées, *Sentinelle,* lui a consacré un article et sa photo a servi d'illustration au chapitre sur le Commandement aérien dans le rapport annuel 1989 du ministère de la Défense nationale. Un *Top Gun...* canadien[2].

Comme la plupart des pilotes, Richard Duguay voulait voler depuis l'âge de trois ou quatre ans. Les avions l'ont toujours impressionné. Il s'est longtemps demandé comment il pourrait un jour réaliser ce rêve. Lorsqu'il entre au cégep Édouard-Montpetit de Longueuil pour étudier en technique de fabrication des aéronefs, il ne pense pas à l'armée. Une fois diplômé, il veut apprendre à piloter et demande son admission au cégep de Chicoutimi. Il est refusé. Il décide donc d'entrer à l'Université de Sherbrooke en génie mécanique. Entre-temps, il a découvert que l'armée pourrait bien être la voie royale pour devenir pilote. Il ne se trompe pas. Les Forces armées ont un faible pour les jeunes qui se présentent avec des diplômes, surtout des diplômes spécialisés. On leur offre immédiatement le grade d'officier s'ils réussissent les tests nécessaires. Ce n'est pas à dédaigner lorsque le marché de l'emploi est à la baisse et que vous avez la possibilité de vivre l'aventure à bord d'un CF-18.

À dix-neuf ans, Richard Duguay entre donc dans les Forces armées. Dès lors, il va suivre la filière traditionnelle pour devenir officier et pilote. À chaque étape du parcours, il verra les exigences augmenter et, impitoyablement, les rangs de ses collègues se dégarnir. On calcule que pour 100 candidats au métier de pilote, il n'en reste généralement pas plus de 2 ou 3 à la fin de tous les stages de formation et d'entraînement.

Après avoir subi les tests médicaux et d'aptitudes intellectuelles, Richard est expédié à Chilliwack, à l'école des officiers, où pendant treize semaines on va lui apprendre les rudiments de la tâche de soldat d'infanterie et lui inculquer des notions de commandement. Ensuite, il part pour Portage-La-Prairie, au Manitoba, où il suivra pendant trois mois des cours de base en pilotage avec un avion à hélice. Dans cette école, il va se familiariser avec la théorie du vol, les règlements aériens, etc. Puis, pendant un mois, il suivra un cours de survie sur terre et un autre en mer. On va lui enseigner des choses aussi simples que la fabrication d'un abri avec son parachute ou la transformation de celui-ci en filet de pêche.

Ensuite, l'aspirant pilote est prêt à recevoir sa formation de pilote de jet. Direction Moose Jaw, en Saskatchewan, où, pendant un an, il volera aux commandes d'un Tutor pour apprendre les techniques de vol à vue, de vol aux instruments, de vol en formation de deux ou quatre avions, et de résistance à la fameuse force G que tout pilote ressent lorsque son avion accélère. Plus le nombre G augmente (jusqu'à 7.3) plus le pilote se sent comprimé dans son siège. Il peut même perdre connaissance parce que le sang n'afflue plus vers le cœur et que le cerveau n'est plus irrigué. À la fin des cours, il obtient un permis de vol militaire et reçoit ses ailes de pilote. Il doit maintenant servir cinq ans dans l'armée de l'air, mais pas nécessairement avec l'avion de ses rêves.

C'est à Moose Jaw que les pilotes désignent trois avions qu'ils aimeraient piloter. Selon la disponibilité des appareils, on accepte leur choix ou on leur en impose un autre. Ils sont ensuite envoyés dans un centre d'entraînement précis, selon l'avion qu'ils doivent apprendre à maîtriser. Richard Duguay opte pour le CF-5, l'avion de transport Hercule et l'avion de patrouille maritime Tracker. Son premier choix est accepté. Direction Cold Lake, en Alberta.

Dans cette grande base militaire, il passera six mois à se familiariser avec le CF-5, l'ancien chasseur de l'armée de l'air aujourd'hui transformé en avion-école. La formation devient de plus en plus difficile. Les pilotes doivent apprendre la navigation à basse altitude, le combat aérien, l'attaque au sol, le respect de l'horaire d'une mission et, enfin, la maîtrise d'une mission complète de combat. Les cours terminés, Richard Duguay est affecté à l'escadron 433 de Bagotville où il pilotera un CF-5 pendant trois ans. Lorsqu'il arrive à Bagotville en 1981, le CF-18 n'est pas encore en service dans l'armée de l'air. Le gouvernement a annoncé sa décision d'acheter une flotte de ces avions un an auparavant mais les premiers CF-18 ne deviendront pas opérationnels avant le début de 1983.

Après cette première période de vol opérationnel, Richard Duguay est muté à Cold Lake pour agir en tant qu'instructeur de CF-5 pendant deux ans. En 1986, ses supérieurs lui proposent de piloter un CF-18. Il reste six mois de plus à Cold Lake pour se familiariser avec l'appareil. De retour à Bagotville, il passera trois ans aux commandes du tout nouveau chasseur.

L'armée de l'air dépense beaucoup d'argent pour former un pilote de l'envergure de Richard Duguay. Ainsi, lorsque le pilote obtient ses ailes à Moose Jaw, il a déjà coûté entre 200 000 et 240 000 dollars à la Défense nationale. Puis, pour sa formation sur CF-5 et CF-18, il faudra ajouter environ 2 millions de dollars à cette facture[3].

*

Le chasseur CF-18 est un appareil «multirôles». Il lui est donc possible d'effectuer plusieurs missions pour lesquelles il fallait auparavant mobiliser des avions distincts. Ainsi, avant l'introduction du CF-18 dans l'armée de l'air, celle-ci devait compter sur trois chasseurs pour remplir ses engagements militaires envers le pays, l'Amérique du Nord et l'Europe. Le CF-101 Voodoo était essentiellement un chasseur-intercepteur lié aux activités du NORAD. Le CF-5 avait la même mission en plus de pouvoir effectuer des attaques au sol. Quant au CF-104, déployé en Europe, c'était un bombardier d'appui pour les forces terrestres, selon son rôle conventionnel, et un bombardier lanceur de bombes atomiques, selon son rôle nucléaire. Ce dernier rôle a été abandonné par le Canada dans les années soixante-dix.

L'entretien d'une flotte de trois types d'avions étant coûteux, lorsque le temps est venu, en 1968, de penser à leur remplacement, les nouveaux appareils en développement semblaient offrir de multiples possibilités. En choisissant le CF-18, l'armée de l'air optait pour un avion de combat qui pouvait effectuer plusieurs missions en même temps: intercepter un avion et l'abattre, engager des combats aériens, bombarder des cibles au sol. Un CF-18 est équipé d'armes lui permettant, lorsqu'il est engagé dans un bombardement au sol, d'abattre un avion qui l'attaque. Bien sûr, le nombre de missions qu'il peut assumer dépend aussi du nombre et de la diversité d'armes que l'avion peut transporter. En général, l'armée de l'air ne confie qu'une mission à ses appareils et c'est pour cette raison que certains escadrons sont destinés au NORAD et d'autres à l'OTAN. Lors d'une des premières missions offensives des CF-18 dans le golfe Persique, le 30 janvier 1991, des appareils canadiens ont attaqué un navire irakien qui s'apprêtait à lancer un missile Exocet. Toutefois, les CF-18 ne disposaient pas à ce moment-là de missiles air-sol mais seulement de missiles air-air et de leur mitrailleuse de bord. Le missile air-air lancé contre le navire irakien a raté sa cible mais la mitrailleuse a fait son travail. Cette mission était hautement risquée.

Destiné à remplir efficacement ses nombreuses missions, le CF-18 est un appareil hypersophistiqué dont le pilotage exige une concentration de chaque instant. Avec 24 ordinateurs qui gèrent toute l'information essentielle au vol et au combat, trois écrans cathodiques qui illustrent visuellement cette information et une quarantaine de commandes, l'avion est un des plus complexes au monde. En vol, le pilote doit garder l'œil sur tous ces instruments, voler jusqu'à une vitesse de Mach 1,8 (2 200 kilomètres à l'heure), subir la pression de la force G et remplir sa mission d'interception, de combat aérien ou de bombardement au sol. La moindre seconde d'inattention peut être fatale.

Certains pensent que la machine a dépassé le pilote, ce qui expliquerait le nombre d'accidents impliquant des CF-18 par rapport aux autres avions de sa catégorie. Le débat est ouvert sur cette question et nous ne le poursuivrons pas ici. Soulignons toutefois quelques données présentées par les Forces armées. En huit ans, le Canada a perdu 12 appareils CF-18, dont 11 à cause d'erreurs humaines. Selon les calculs de l'armée de l'air, cela voudrait dire que le Canada a un taux d'attrition (nombre d'appareils perdus) d'environ 7 par 100 000 heures de vol. Mais ce chiffre est en partie dû à la malchance: par exemple, la collision de deux CF-18 en plein vol en avril 1990 a fait monter le taux bien vite. Selon toute vraisemblance, le taux devrait se situer autour de 3,8 en 1999, après seize années d'exploitation des CF-18[4]. Tout cela est bien compliqué mais il suffit de rappeler qu'au cours de la seule année 1954, 111 avions canadiens se sont écrasés et 96 personnes ont été tuées pour démontrer que les résultats des CF-18 ne sont pas si mauvais.

*

Richard Duguay n'a pas quitté l'armée de l'air parce que trop de CF-18 s'écrasaient. Il est parti parce que les Forces armées sont minées par des exigences contradictoires, ce qui entraîne des pressions considérables sur les officiers et particulièrement sur les pilotes. Comme on l'a vu plus haut, les militaires et surtout les officiers changent de lieu de travail ou d'affectation tous les trois ans. Richard Duguay a passé une bonne partie de ses douze ans dans l'armée de l'air à déménager: pendant ses cours, pendant son entraînement et pendant sa vie professionnelle. Il a séjourné dans une demi-douzaine de villes canadiennes pour des périodes variant entre trois mois et trois ans. En 1989, après une troisième période de trois ans dans les airs, il ne pouvait pas éviter d'être posté à terre et de se voir désigner un emploi administratif à Bagotville ou au quartier général à Ottawa. Cette nouvelle fonction aurait occasionné un nouveau déménagement, ce qui entraîne toutes sortes de chambardements quand on a une famille. De plus, le travail de pilote devient chaque jour plus exigeant. Pour une heure de vol, on doit se taper près de quatre heures de préparation et de debriefing. À cela s'ajoutent la rédaction de rapports ou de lettres et les activités sociales qu'il faut organiser. Une journée moyenne de dix heures de travail est la norme chez les pilotes de CF-18. La plupart passent de moins en moins de temps à piloter et à étudier et doivent consacrer de nombreuses heures à des tâches sociales ou administratives. Enfin, comme bon nombre veulent avant tout voler et non devenir des officiers supérieurs et qu'ils savent que plus ils vieilliront moins ils piloteront, lorsque leur tour de garde au sol arrive ils se découragent souvent. Ils décident alors de partir pendant qu'ils sont encore jeunes pour joindre une compagnie aérienne privée qui n'attend que cela. Là ils pourront voler de façon continue même si c'est avec un appareil moins excitant. Un pilote de chasse vole environ 240 à 270 heures par an en CF-18. Dans une compagnie privée, il pourra accumuler entre 600 et 800 heures de vol par an.

Pour bien des pilotes et des experts militaires, la complexité croissante des avions de combat modernes conjuguée au travail d'officier est une source considérable de stress et pourrait expliquer, en partie, certains accidents. La preuve n'en est pas faite mais, de l'avis général, moins on passe de temps à voler et à étudier, plus on «rouille» et plus le danger d'inattention s'accroît.

L'armée de l'air, pas plus que les autres commandements des Forces armées, n'a pas encore trouvé de solution à ces problèmes. Les officiers supérieurs sont très conscients des nombreux départs dans l'aviation et de la grande frustration des pilotes qui ne veulent devenir ni instructeurs ni administrateurs, même si cela leur donnerait un grade de plus et une augmentation de salaire. Mais l'armée de l'air a besoin d'officiers pour diriger et d'instructeurs pour assurer l'entraînement des prochaines générations de pilotes. C'est un cercle vicieux qu'il ne sera pas facile de rompre.

Chapitre 5

Des tranchées aux étoiles

Sur un terrain vague, à une dizaine de minutes en jeep de la base militaire de Valcartier, des candidats au métier de fantassin apprennent les rudiments de cette tâche, une des plus violentes et des plus éprouvantes au sein des Forces armées canadiennes. En ce début d'août 1990, il fait particulièrement chaud et humide et le terrain est boueux. Une dizaine de jeunes candidats, entre dix-huit et vingt et un ans, tous des hommes, armes aux poings, rampent sur le sol et tentent d'y voir clair entre les broussailles et la boue qui leur colle aux vêtements. Un sous-officier leur crie des ordres. Certains avancent rapidement vers le point qu'on leur a désigné. D'autres ont perdu leur casque ou tentent de se dégager des branches qui les empêchent d'avancer. Un jeune se bat avec un énorme bourdon qui lui tourne autour du visage, lui faisant perdre sa concentration. Mais tout cela n'est qu'un exercice. Aucun adversaire ne tire sur les candidats et personne ne s'engage dans un corps à corps. Les aspirants fantassins démontrent leurs capacités pour qu'on puisse évaluer leur dextérité sur le terrain, la rapidité de leurs réflexes, leurs réactions face à une manœuvre en groupe, leur habileté à travailler au ras du sol. Après quelques heures passées à courir, à tomber, à se jeter à plat ventre, à tourner et à ramper, ils retournent à la base pour nettoyer leur matériel et rejoindre leurs quartiers où, crevés, ils vont se coucher pour sombrer dans un sommeil bien mérité.

Mais la nuit est bien courte. Levé à 5 h 30 du matin, le candidat qui doit subir un entraînement intensif pour devenir soldat commence une journée qui, parfois, ne se terminera que vers 21 h ou 22 h. En gros, c'est toujours la même chose: déjeuner; préparation du matériel; entraînement; dîner; entraînement; nettoyage du matériel; souper; détente, puis coucher. Cela peut évidemment varier. S'intercalent entre ces différentes séquences des cours théoriques liés au métier de fantassin et des briefings. Parfois, tout cela est bouleversé par des exercices à la campagne au cours desquels un groupe de candidats va passer deux ou trois semaines très loin de la base pour apprendre à construire un campement et à y vivre avec des moyens rudimentaires. Ces exercices sont très souvent exténuants. Sous une tente ou même sous des abris de fortune, la pluie qui tombe pendant dix jours transforme la vie du candidat en enfer. L'épuisement et parfois le désespoir en font craquer plusieurs. Car il faut malgré tout exécuter les ordres: apprendre à creuser des tranchées; à allumer un feu; à veiller; à s'exercer dans le bois ou sur un terrain vague.

Tous ces exercices, sous la pluie ou sous un soleil de plomb, ne sont, bien entendu, pas inutiles. Ils servent à former le fantassin, physiquement et psychologiquement. Ils lui permettent de développer ses possibilités de survie et de combat, d'entraide et de solidarité, ainsi que son esprit de groupe et son habileté. Au retour, en groupe, on discutera ferme de cette expérience pendant que les supérieurs, sous-officiers et officiers, évalueront chacun. Les candidats qui auront réussi seront affectés à une unité militaire et deviendront des fantassins à temps plein. Pour eux, la voie sera ouverte pour l'obtention éventuelle des feuilles d'érable qui, sur les épaulettes des généraux canadiens, ont remplacé les étoiles.

*

Bien sûr, tout le monde ne devient pas général et tous les militaires n'ont pas à ramper dans la boue et à creuser des tranchées pour accéder au poste prestigieux de chef de l'état-major des Forces armées canadiennes. On peut même dire que l'écrasante majorité des militaires canadiens n'auront jamais à faire ce dur boulot pour devenir officier ou général. Dans une armée qui compte de plus en plus de techniciens, de spécialistes et de gestionnaires, les promotions obtenues grâce à la formation permanente et au travail administratif sont plus nombreuses que celles liées à l'exercice quotidien sur terre, dans les airs ou en mer.

Les Forces armées possèdent un système d'enseignement et d'entraînement assez unique. Une des grandes qualités de ce système, est sa grande flexibilité face à un soldat qui veut en apprendre plus. On ne lésine pas sur les encouragements et les moyens financiers pour permettre aux militaires de progresser rapidement. Certains d'entre eux trouvent d'ailleurs qu'on les pousse un peu trop loin; cette pression en amène plusieurs à quitter les rangs, comme on a pu le voir chez les pilotes de l'armée de l'air, par exemple.

La personne qui se présente au centre de recrutement de sa région pour entrer dans les Forces armées se voit offrir une multitude de métiers, de cours et de programmes, dispensés à travers le Canada, qui pourraient lui permettre de passer presque toute sa vie active au sein des Forces. À cinquante-cinq ans, l'ex-militaire se retrouverait à la retraite avec une bonne pension et — pourquoi pas? — la possibilité de se dénicher un emploi rapidement dans le civil s'il a acquis des connaissances techniques et bureaucratiques durant son séjour dans le système militaire.

L'armée a tapissé le pays d'écoles, de collèges et de centres de formation qui dispensent une formation continue à l'ensemble des 87 500 militaires canadiens. Après avoir répondu à certains tests d'aptitude intellectuelle et physique, la personne qui aura rempli son formulaire au centre de recrutement se verra demander dans quel secteur de l'armée elle voudrait être intégrée. Avec plus de 120 classes de métiers, le choix est vaste. Sa décision prise, cette personne verra sa candidature évaluée selon son bagage scolaire. L'armée pourra lui offrir de travailler au sein de la troupe ou d'accéder directement au corps des officiers. Voici quelques exemples.

François, un francophone, est attiré par le métier d'artilleur mais ne désire pas devenir officier, c'est-à-dire commander une unité d'artillerie. À dix-sept ans, diplôme de secondaire V en poche, il n'est pas très porté vers les études. L'armée décide de l'engager après qu'il aura passé avec succès les tests d'aptitude intellectuelle et physique. Il est immédiatement envoyé à la base de Saint-Jean, au Québec, pour subir l'entraînement de base de dix semaines que tout militaire doit suivre en entrant dans l'armée. Les anglophones sont dirigés vers Cornwallis, en Nouvelle-Écosse. Après Saint-Jean, François partira pour une école spéciale d'artillerie au Manitoba ou à Gagetown, au Nouveau-Brunswick. Il pourra y rester jusqu'à un an, selon le niveau de spécialisation qu'il veut atteindre dans ce domaine. Lorsqu'il aura reçu son diplôme d'artilleur, il sera affecté à une unité d'artillerie au sein de l'armée de terre: le 5e Régiment d'artillerie légère de Valcartier ou un autre, quelque part au Canada ou même en Allemagne, au sein des forces terrestres canadiennes déployées dans ce pays.

François découvre qu'il aime bien son métier, et ses supérieurs détectent en lui des qualités de leader. Il se laisse séduire et accepte de monter en grade. Il pourrait atteindre celui d'adjudant-chef, en rester là, et prendre sa retraite après trente-cinq ans comme artilleur. Mais il décide qu'après tout, devenir officier d'artillerie serait une bonne affaire, tant pour son prestige personnel que pour obtenir un meilleur salaire. Il se rend donc à l'école des officiers de Chilliwack, en Colombie-Britannique, où il suivra le cours de base de treize semaines destiné à tout militaire désirant devenir officier. Ensuite, il retournera à Gagetown pour étudier pendant neuf mois dans le but de devenir officier d'artillerie. Il sera par la suite réintégré dans son régiment où on lui confiera le commandement d'une unité d'artillerie.

Après quelques années, François estime qu'il ferait un excellent colonel pour diriger son régiment, peut-être un bon général et, qui sait? peut-être même un grand chef d'état-major. Ses supérieurs le pensent aussi. Il entre dans ce que l'armée appelle le système de perfectionnement professionnel des officiers qui lui permettra, en compétition avec d'autres et selon ses mérites, à chaque étape de ses études et de ses stages, d'être promu en conséquence. Il devra constamment voyager pour étudier ou occuper une fonction administrative ou opérationnelle à Toronto, à Ottawa, à Québec, à Calgary ou même à Lahr. Plus il montera dans l'échelle, plus il s'éloignera des exercices quotidiens d'artillerie pour occuper des fonctions d'instructeur, de chef, d'administrateur et de gestionnaire. À cinquante et un ou cinquante-deux ans, feuilles d'érable de général sur ses épaulettes, il pourra espérer devenir chef d'état-major pour trois ou quatre ans, avant de voir sa carrière militaire s'achever.

Mais alors, il est donc possible de diriger l'armée canadienne avec un simple diplôme de secondaire V ? Théoriquement, oui. Dans la pratique, ce ne l'est plus.

L'exemple de François peut comporter plusieurs variables. Si François était arrivé au centre de recrutement avec un diplôme d'études collégiales ou universitaires, l'armée lui aurait immédiatement offert un poste d'officier. Il ne serait pas passé par Saint-Jean. On l'aurait envoyé à Chilliwack d'où, après ses treize semaines de cours d'officier, dans lequel est inclus le cours de base du simple soldat, il serait parti pour l'école des officiers d'artillerie de Gagetown. Ensuite il serait entré dans le système de perfectionnement professionnel des officiers avec le grade de sous-lieutenant pour finir chef d'état-major. Mais François aurait pu choisir un autre métier: dentiste, ingénieur, psychologue ou avocat. Les militaires qui choisissent de tels emplois accèdent directement au corps des officiers. À vingt ans, l'armée lui aurait offert plusieurs voies pour s'épanouir dans ces domaines. D'une part, avec un diplôme d'études collégiales il aurait pu poursuivre sa formation dans une université civile offrant des cours que les collèges militaires ne dispensent pas. Au cours de ces études, il aurait toutefois dû suivre un entraînement militaire, en général l'été, et, à l'obtention de son diplôme, il aurait dû joindre l'armée pour cinq ans. D'autre part, si le métier choisi l'avait permis, il aurait complété ses études dans un des trois collèges militaires canadiens qui décernent maintenant des diplômes d'enseignement collégial et universitaire de premier et de deuxième cycles (baccalauréat et maîtrise). C'est la voie que l'armée favorise.

Passons à un deuxième exemple, qui semblera plus familier au lecteur qui a pris connaissance de l'expérience du pilote Richard Duguay. Luc veut devenir pilote dans l'armée de l'air. Mais il sait bien qu'il ne volera pas jusqu'à cinquante-cinq ans. En général, plus les pilotes vieillissent, moins ils volent et plus ils occupent des postes d'instruction ou de commandement. Luc choisit donc de regarder vers l'avenir, sachant que dans dix ou quinze ans il devra assumer des responsabilités au sol. Il décide donc de suivre la voie royale, celle que l'armée encourage. Il entre au Collège militaire royal de Saint-Jean, où il peut obtenir un baccalauréat en sciences humaines ou en sciences spatiales. Il pourra ensuite se spécialiser en génie mécanique en obtenant une maîtrise dans ce domaine au Royal Military College de Kingston.

Pendant ses études collégiales et universitaires, Luc doit aussi apprendre les rudiments de la vie militaire, ce qui se fait en général l'été. Après sa première année au collège, il passera treize semaines à Chilliwack pour suivre son cours d'officier. La deuxième année, il devra suivre des cours d'anglais s'il ne maîtrise pas cette langue. À la fin de la troisième année, il participera à des exercices militaires. Il doit rester alerte. Après ses études, qui peuvent durer jusqu'à cinq ans, il entrera dans les écoles spécialisées de l'aviation où il apprendra à piloter plusieurs petits avions avant d'aboutir aux commandes d'un CF-18 à vingt-cinq ans. Mais Luc est ambitieux. Il veut devenir chef d'état-major. Alors il entrera dans le système de perfectionnement professionnel des officiers et sa carrière alternera entre des postes opérationnels, comme instructeur ou commandant d'escadron, et des postes d'administrateur dans une base aérienne, au commandement aérien ou au quartier général. Après trente ans dans l'aviation, il pourra accéder au poste de chef d'état-major.

L'évolution de François dans l'armée de terre et de Luc dans l'aviation a son pendant dans la marine. Ralph, par exemple, pourra choisir le même chemin que François et rester un simple marin, sans diplôme, mais gagnant ses galons grâce à l'expérience et aux cours suivis dans les écoles de la marine. Il pourra entrer dans un collège militaire, comme le Royal Roads de Victoria, en Colombie-Britannique, et suivre la même filière que Luc. Quelle que soit la voie qu'il empruntera, il pourra, s'il le veut et s'il en est capable, accéder aux plus hautes fonctions.

Comme on a pu le voir, l'éducation et la formation des simples militaires peuvent durer entre trois et dix-huit mois selon le métier qu'ils choisissent et l'unité à laquelle ils sont affectés. Ce n'est pas le cas pour les officiers. Même ceux qui empruntent la seule voie de la formation devront consacrer une bonne partie de leur temps à étudier dans les écoles spécialisées. Ceux qui choisissent la voie plus classique, mais plus exigeante, de l'éducation et de la formation, pourraient être amenés à passer le tiers de leur vie militaire dans les écoles des Forces armées. Un brigadier-général, avec vingt-huit ans de métier, peut avoir passé jusqu'à dix ans à étudier. Pour illustrer cela, reprenons l'exemple de Luc lorsqu'il entre dans le système de perfectionnement professionnel des officiers.

Luc a déjà passé trois à cinq ans dans un ou des collèges militaires. Après sa formation de pilote, qui peut durer deux ans, il s'inscrira au Programme de perfectionnement professionnel des officiers, un programme d'études personnel qui englobe six domaines: les connaissances relatives au service général; l'administration du personnel; le droit militaire; l'administration financière et l'approvisionnement; les affaires nationales et internationales; la guerre et la profession militaire. Luc peut suivre ces cours pendant la période où il pilote un chasseur. Par la suite, Luc, devenu capitaine, désire faire partie d'un état-major. Il entre donc à l'École de l'état-major de Toronto pour un séjour de dix semaines pendant lesquelles il s'initiera au travail de base des officiers d'état-major: rédaction de mémos, étude de la structure militaire, etc. Après un séjour dans une base aérienne, une fois devenu major, Luc désire devenir colonel pour occuper un poste de commandant dans une base aérienne ou au quartier général du Commandement aérien, ou encore un poste d'administrateur d'un service au quartier général des Forces armées à Ottawa. Il devra alors entrer au Collège d'état-major de Toronto où il suivra pendant quarante-cinq semaines des cours de commandement et aussi de relations internationales, de stratégie militaire et de politique nationale. Après un autre séjour dans un état-major, il sera promu colonel. Pour parfaire ses connaissances et accéder au grade de brigadier-général, il se rendra au Collège de la Défense nationale de Kingston où, pendant quarante-trois semaines, il étudiera les problèmes politiques, sociaux et stratégiques d'une organisation militaire dans un pays libre et démocratique. Il pourra aussi choisir de se rendre au War College, aux États-Unis, ou à l'École supérieure de la guerre, en France, pour suivre la même formation.

Il est très important de souligner qu'entre chaque promotion s'écoulent quatre ou cinq années pendant lesquelles Luc doit faire ses preuves sur le plan opérationnel ou administratif. Bien sûr, à chaque étape et promotion, Luc peut décider de freiner sa carrière et de rester major, lieutenant-colonel, colonel ou brigadier-général. Le système militaire peut aussi bloquer ses aspirations. Il y a beaucoup d'appelés et peu d'élus. Ainsi, en 1989-1990, les Forces armées ont reçu 20 000 demandes d'information sur la carrière d'officier. Six mille personnes ont rempli un formulaire et 1630 ont été acceptées. De ce nombre, 1130 ont reçu leur brevet d'officier et les Forces armées estiment que quinze ans plus tard il en restera 870 au travail. De ce nombre, moins d'une centaine pourront accéder aux différents grades d'officiers généraux (brigadier, major et lieutenant).

*

Le nombre d'écoles et de centres d'entraînement que la Défense nationale entretient est impressionnant. D'abord, le Service de l'instruction des Forces canadiennes, qui constitue un commandement distinct dirigé par un militaire du rang de brigadier-général, «est responsable de toute la formation élémentaire des recrues et des officiers (entraînement des soldats et des aspirants officiers, cours de langues); il assure également la formation des membres de 18 des 36 groupes professionnels militaires réservés aux officiers et de 53 des 100 groupes professionnels réservés aux militaires du rang; il s'agit des groupes professionnels dont les membres sont affectés à plus d'un commandement opérationnel», c'est-à-dire des cuisiniers, des dentistes, des ingénieurs, des techniciens en radars ou en armements, etc[1]. Ce service administre 22 écoles réparties dans cinq bases. De plus, chaque service des Forces armées contrôle ses écoles et ses centres d'entraînement: la marine en a 7, l'armée de terre 29, et l'aviation 39. Enfin, le quartier général de la Défense nationale administre 15 institutions, dont les trois collèges militaires, les écoles d'état-major et le Collège de la Défense nationale. Ces écoles forment les élites militaires qui dirigent l'ensemble du système. Des dizaines de milliers de militaires suivent ainsi chaque année des centaines de cours.

En plus d'entretenir ce vaste complexe d'enseignement et de formation, la Défense nationale permet chaque année à plus de 8 000 militaires canadiens de suivre des cours d'une durée de sept jours à un an dans des institutions civiles au Canada ou dans des institutions militaires à l'étranger, principalement aux États-Unis, en France et en Grande-Bretagne.

On est en droit de se demander quels sont les résultats obtenus grâce à toute cette infrastructure d'écoles et de centres d'entraînement. Cela dépend de la valeur qu'on accorde aux diplômes. Examinons les statistiques officielles du ministère de la Défense nationale. En août 1990, les Forces armées avaient établi une classification de 11 grades parmi les 20 000 officiers qui étaient dans les Forces à ce moment-là: d'élève-officier à général. De ce nombre 11 500 avaient un diplôme universitaire de premier cycle. On compte très peu de détenteurs de maîtrise et presque pas de docteurs. Plus on grimpe dans la hiérarchie militaire, plus le nombre de diplômés augmente. Ainsi, 46,7 % des sous-lieutenants, 58,7 % des capitaines, 72,8 % des majors, 80 % des colonels et 100 % des lieutenants-généraux sont diplômés. Les Forces armées estiment que 57 % de l'ensemble de leurs officiers possèdent un diplôme universitaire[2]. Ce pourcentage n'est pas très élevé si on le compare à ceux d'autres pays occidentaux. L'écrasante majorité des officiers américains et français détiennent des diplômes universitaires et plus de 80 % des officiers américains ayant le grade de lieutenant-colonel ou un grade plus élevé ont une maîtrise. Plus de 10 % des généraux américains ont obtenu un doctorat[3].

Cette différence entre l'armée canadienne et celles de pays alliés peut s'expliquer. Les armées américaine et française bénéficient d'une longue tradition militaire et disposent d'une vaste infrastructure ainsi que d'un énorme matériel de très haute technologie. Ce n'est pas le cas du Canada, même si l'armée canadienne a de plus en plus besoin de spécialistes. À la Défense nationale, on établit régulièrement la liste des postes de spécialistes à combler et les qualifications que doivent posséder les candidats. Ainsi, en 1990, pas moins de 900 postes ont été désignés comme devant être comblés par un militaire détenant une maîtrise: génie, achat d'équipement, contrôle de la qualité, etc. On n'exige pas encore de titulaire de doctorat.

Dans l'ensemble de l'armée canadienne, le niveau d'éducation monte rapidement. Plus de 10 % des militaires possèdent un diplôme universitaire (ce sont tous des officiers), alors qu'à peine 2 % ont moins de neuf ans de scolarité (15 % en 1972). Actuellement, les Forces armées tentent de n'accepter que des candidats ayant au moins un secondaire V. Il reste encore un bloc de 24 % de militaires qui n'ont pas atteint ce niveau d'enseignement. Ils étaient 49 % en 1972[4].

Mais l'obtention d'un diplôme collégial ou universitaire n'est pas la seule mesure permettant d'évaluer les connaissances des soldats et officiers canadiens. Toute la formation acquise dans le système d'écoles spécialisées et de centres d'entraînement vient s'ajouter au bagage personnel du militaire canadien pour en faire un des meilleurs soldats du monde occidental.

Chapitre 6

Des francophones heureux

Le Collège militaire royal de Saint-Jean est situé sur un emplacement magnifique dans la petite ville de Saint-Jean-sur-Richelieu, sur la rive sud de Montréal. C'est un lieu historique. Dès 1666, le régiment de Carignan y construisit un fort destiné à contenir les Iroquois. Cent ans plus tard, le site fut ravagé après la chute de Montréal. Mais le fort de Saint-Jean fut reconstruit en 1775 et joua un rôle déterminant au cours de l'invasion du Canada par les Américains en 1776. Depuis, il a servi de chantier maritime, puis d'école d'infanterie et de centre d'instruction pendant la Seconde Guerre mondiale. Le collège est formé de plusieurs bâtiments dont certains ont été construits il y a cent cinquante ans. Le cœur du complexe est l'ancienne place d'armes où l'on retrouve les quatre bâtiments principaux. À quelques pieds de là coule tranquillement la rivière Richelieu. On voit des arbres centenaires partout, la pelouse est impeccable et le silence, impressionnant. Ici travaillent, étudient et parfois dorment quelque 600 jeunes qui veulent tous devenir officiers dans les Forces armées. La très grande majorité d'entre eux sont des francophones et aspirent à diriger, un jour, les destinées du système militaire canadien dans leur langue. Ont-ils une chance de réaliser ce rêve? Oui, car depuis vingt ans les francophones se sont ménagé une place enviable dans les Forces armées, occupant, à la mesure de leur poids démographique au Canada, les places qui leur reviennent et cela à presque tous les échelons. Et ils sont heureux.

*

«Il y a un mythe qui veut que les francophones qui entrent dans l'armée sont immédiatement anglicisés, qu'ils perdent leur culture, qu'ils se détachent du reste des habitants du Québec. La réalité, c'est que la vie n'est pas facile pour une minorité installée dans un pays où la majorité est anglophone et sur un continent lui aussi anglophone. Eh bien, malgré cet environnement unique au monde, les francophones dans l'armée sont sans complexes, résistent et s'imposent de plus en plus. Je le vois tous les jours[1].» Celui qui parle ainsi n'est ni un officier francophone ni le chef de l'état-major mais le recteur du collège, un personnage que les Québécois connaissent bien et qu'on n'imaginerait pas occuper une telle charge. C'est Roch Carrier, écrivain, longtemps président du Salon du livre de Montréal, homme de théâtre et éducateur.

Dans son grand bureau du collège, Roch Carrier me reçoit avec affabilité. Il parle lentement, de façon onctueuse, et prend son temps pour répondre à chacune de mes questions. L'auteur de la pièce *La guerre, yes sir!* ne cache pas son respect et son affection pour cette institution qui l'a si généreusement accueilli il y a vingt-six ans en lui confiant un poste de professeur de français. Depuis lors, il n'a jamais cessé d'y être fidèle et d'y revenir. À la fin de 1990, il a été nommé recteur; il dirige maintenant toutes les activités scolaires du collège.

Mais comment un intellectuel francophone et québécois peut-il diriger une institution d'un système militaire qui n'a pas toujours été tendre avec les francophones et qui continue, à tort ou à raison, d'être mal perçu par de nombreux Québécois? «Je suis d'abord surpris d'être assis ici dans ce fauteuil de recteur. Ce n'était pas dans mon plan de carrière, si on peut dire. J'ai passé ma vie au service de l'éducation, de la promotion du livre et de nombreuses autres activités intellectuelles, dit-il. Je ne suis pas venu travailler au collège parce que c'était une institution militaire, mais parce que le collège était une école pas comme les autres, qui disposait d'une structure très flexible et qui offrait de larges possibilités académiques pour un enseignant. Au Canada et ailleurs, j'ai travaillé dans plusieurs universités, mais je suis toujours revenu au collège parce que tout y est moins figé et stratifié, plus humain.»

Roch Carrier n'a jamais eu de difficulté à faire accepter à ses amis son appartenance à cette institution militaire. Il constate simplement que la vaste majorité de ses collègues enseignants, écrivains et intellectuels font preuve d'une grande ignorance au sujet du système militaire. Même lui, au début, ne le connaissait pas. «Jeune professeur de littérature, on n'a pas une vue très ouverte de ce que sont les militaires. Je dois dire que je poursuivais mes études de doctorat et si je m'interrogeais, c'était plutôt sur les préoccupations engendrées par mon domaine de recherche et, comme on le faisait à l'époque, sur la condition humaine.» Cette vision des choses a changé avec le temps; au fur et à mesure qu'il enseignait au collège militaire, Carrier s'attachait à ses étudiants et à sa profession d'éducateur, l'activité qu'il chérit entre toutes. Aujourd'hui, il estime qu'il a fait un bon choix. «Il y a ici une grande volonté politique des patrons du collège de développer l'enseignement, confie-t-il. Le collège dispose de laboratoires très modernes et d'une bibliothèque impressionnante. Le personnel enseignant est d'un très haut niveau et compte un pourcentage de détenteurs de doctorat plus élevé que la plupart des universités canadiennes. Toutes les institutions que je connais sont bien envieuses de ce que les Forces armées font pour l'éducation et la formation de leurs membres.»

Le Collège militaire royal de Saint-Jean offre tous les services d'enseignement collégial et universitaire. L'étudiant reçoit une solde mensuelle à partir de laquelle il assume les coûts pour le logement et les repas. Tous les frais de scolarité des étudiants du programme de formation des officiers de la force régulière sont payés par le gouvernement fédéral.

La durée normale des programmes d'étude est de cinq ans: année préparatoire, première, deuxième, troisième et quatrième année. L'année préparatoire et la première année sont consacrées aux études collégiales, c'est-à-dire l'équivalent des deux années de cégep. Les deuxième, troisième et quatrième années constituent les trois niveaux du premier cycle universitaire. Lorsqu'il a terminé l'ensemble de ses études, l'étudiant reçoit un baccalauréat et son brevet d'officier dans les Forces armées. Si chaque étudiant suit des cours particuliers à sa spécialisation, ils doivent tous suivre des cours hors concentration: philosophie, psychologie, histoire, sciences économiques, etc.

Ainsi, un étudiant qui désire obtenir un baccalauréat en études militaires et stratégiques, pour devenir cadre au sein des grands organismes gouvernementaux nationaux ou internationaux, devra suivre des cours sur l'histoire militaire, la pensée stratégique, les relations internationales, la technologie de la guerre, les politiques de défense, les sciences sociales et administratives, l'économie de la défense, les lettres, la chimie, la physique, les mathématiques et la psychologie militaire. Avec un tel bagage, l'étudiant pourra occuper des postes dans le civil, mais après un séjour d'au moins cinq ans dans l'armée. Rien n'est gratuit.

Roch Carrier ne veut pas se prononcer sur l'attitude des politiciens face aux problèmes de défense et de sécurité au Canada et ne s'autorise qu'un seul commentaire sur la politique de défense. «Si je décelais dans cette politique une volonté agressive, à ce moment-là je m'exprimerais.»

Si les francophones sont aujourd'hui heureux dans les Forces armées, il n'en fut pas toujours ainsi. Alors comment le sont-ils devenus? Sans refaire l'histoire du Canada, voyons comment les francophones ont lentement mais sûrement pris leur place dans le système militaire canadien.

*

Serge Bernier, historien au ministère de la Défense nationale, est l'auteur, avec Jean Pariseau, d'une monumentale histoire des Canadiens français et du bilinguisme dans les Forces armées. Il m'explique que, jusqu'en 1914, les francophones ont très peu servi dans l'armée permanente et même dans la milice et que les politiciens de l'époque, même francophones, ne s'occupaient pas du problème de l'intégration des francophones dans l'armée. Pourtant, certains chefs militaires s'intéressaient à la question[2]. En 1899, le major-général Eth Hutton, un Britannique qui dirigeait l'armée canadienne, écrivait ces lignes pour le moins révélatrices: «Une partie considérable des forces militaires du dominion est constituée de régiments canadiens-français... [donc]... tous les officiers qui détiennent ou espèrent détenir des postes de responsabilité devraient être capables de s'adresser en français aux troupes francophones.» Il faudra attendre presque soixante-dix ans pour que le bilinguisme soit imposé à l'armée.

Bernier raconte: «Lorsque la Première Guerre mondiale éclate en 1914, les francophones occupent 10 % des postes d'officiers et 20 % des emplois militaires. On se décide à créer un régiment francophone, le célèbre Royal 22e Régiment. C'est peu et les francophones ne fourniront que 5 % de tout l'effort militaire malgré qu'ils composent 28,5 % de la population. Pendant les vingt années qui séparent la Première de la Deuxième Guerre mondiale, rien n'est fait pour aider les francophones à s'intégrer. Il est vrai que le sort de l'armée laisse à désirer et que cette institution n'est guère fréquentée. Pendant les hostilités de 39-45, les francophones seront plus nombreux sur les champs de bataille. On en comptera environ 200 000 sur un million de soldats.»

Il faudra attendre la création de l'OTAN et la guerre de Corée pour qu'à Ottawa on commence à s'intéresser, mais bien peu, au sort des francophones. Le tableau n'est pas très beau. En 1951, seulement 6,9 % des officiers et 15,3 % des hommes de la troupe sont francophones. C'est dans l'armée de terre qu'ils sont le plus nombreux alors que dans la marine ils sont presque inexistants. De plus, même si les francophones représentent 27 % des nouvelles recrues chaque année, ils quittent massivement les Forces armées au bout d'un ou deux ans. On décide donc de créer des écoles d'entraînement et de formation et, en 1952, le Collège militaire royal de Saint-Jean est fondé. Mais les francophones se sentent toujours indésirables.

Cela change rapidement au milieu des années soixante grâce à deux initiatives du gouvernement libéral: l'unification et l'intégration des forces armées ainsi que l'imposition du bilinguisme à toute la fonction publique. Trois hommes obligent un système militaire très réfractaire à adopter ces politiques: les ministres de la Défense nationale Paul Hellyer et Léo Cadieux et le général Jean Victor Allard, premier Canadien français à diriger les Forces armées, 1966 à 1969. Des unités de langue française sont créées dans les trois armées et le service de l'instruction et de la formation offre de plus en plus de cours en français. En 1972, alors que leur poids démographique est d'environ 27 %, les francophones forment 19 % du personnel des Forces armées. Aujourd'hui, alors que le Canada compte 26 % de citoyens parlant français, 27 % des militaires déclarent utiliser le français comme première langue[3].

C'est donc dire que les francophones se sentent de plus en plus à l'aise dans l'armée canadienne, au point d'y être légèrement sur-représentés. Toutefois, les objectifs des Hellyer, Cadieux et Allard n'ont pas encore été totalement atteints, tant en ce qui concerne la représentation des francophones par grades que dans la bilinguisation des cours, des communications et de la langue de travail.

La représentation équitable des francophones dans tous les métiers, classes et grades n'est pas chose faite, mais il ne faut pas croire que les dernières poches de résistance ne tomberont pas. En ce qui touche les officiers, on remarque que les francophones sont bien représentés parmi les généraux (22 %), sous-représentés chez les lieutenants-colonels et les colonels (15 %) ainsi que chez les majors (19 %) mais très bien représentés chez les capitaines (24 %), les sous-lieutenants et les lieutenants (27 %). Les promotions des prochaines années viendront sans doute corriger les inégalités. Au niveau de la troupe, la distribution est plus équitable: 28 % des simples soldats sont francophones; 30 % des caporaux et caporaux-chefs; 27 % des sergents, 25 % des adjudants et 20 % des adjudants-maîtres et adjudants-chefs.

Globalement, donc, l'armée ménage une bonne place aux francophones. Mais cette image demande à être précisée davantage et l'on doit s'attarder à la représentation des francophones au sein de chaque commandement, principalement la marine, l'aviation et l'armée de terre, pour avoir une meilleure idée de la situation. On s'aperçoit qu'elle est moins brillante qu'on le croyait. Au 30 septembre 1990, l'armée de terre comptait 67 % d'anglophones et 33 % de francophones; l'aviation, 76 % et 24 % respectivement; la marine, 83 % et 17 %; et les forces en Europe, 71 % et 29 %. En ce qui concerne les officiers de ces quatre services, les francophones sont sur-représentés dans l'armée de terre (30 %) et sous-représentés dans les autres secteurs: aviation (20 %), marine (13 %) et forces en Europe (20 %). Qui plus est, les officiers francophones sont bilingues dans une proportion de 60 % alors que leurs confrères anglophones le sont à 18 % seulement[4].

*

Les Forces armées, comme les autres institutions fédérales, se sont vu attribuer un programme de bilinguisation pour permettre à tous de fonctionner dans leur langue et d'être compris. Ce programme n'a pas lui non plus atteint tous ses objectifs mais ses règlements de plus en plus contraignants vont permettre aux francophones d'accéder rapidement à des postes de direction. Voyons pourquoi.

Le programme de langues officielles de la Défense nationale est le plus important au Canada. Chaque année, «plus de 5 000 employés de la Défense nationale suivent des cours de formation linguistique, ce qui, d'après le Ministère, représente environ le tiers des fonctionnaires fédéraux inscrits à ces cours», peut-on lire dans le magazine *Langue et Société* publié par le bureau du commissaire aux langues officielles[5]. Malgré cela, les militaires francophones ne reçoivent pas tous les services en français. Ainsi, selon le bureau des langues officielles de la Défense nationale, «quelque 1 473 cours militaires ont été offerts pendant la dernière année financière (1988-1989). De ce nombre, 136 ont été offerts en français et 233 en anglais; pour ce qui est des 1 104 autres cours, ils ont été offerts en anglais avec assistance linguistique française à divers degrés[6].» Les cours les plus difficiles techniquement sont offerts seulement en anglais. Enfin, pour ce qui est du matériel didactique, c'est la même situation. Beaucoup de livres et de manuels existent en français mais l'écrasante majorité demeure en anglais. La traduction des documents techniques accuse toujours du retard: 30 000 pages ont été traduites en 1989 pour un objectif de 300 000 en 1994.

Le ministère de la Défense nationale explique les retards de la bilinguisation par différents éléments que ne subissent pas les autres ministères de la fonction publique. La Défense nationale occupe 125 000 employés réguliers, dont 87 500 militaires. Tous les ans, pas moins de 20 000 personnes doivent se déplacer à travers le Canada ou le monde pour occuper un nouveau poste pour trois ou quatre ans alors que plusieurs milliers d'autres quittent les Forces armées ou y entrent. Les statistiques sur le bilinguisme sont donc constamment modifiées. L'arrivée de nombre de recrues unilingues demande un effort considérable de la part de l'armée. Aucun ministère ne connaît un tel afflux de personnel et la plupart de leurs employés travaillent dans des endroits qu'ils ne quitteront sans doute jamais de leur vie.

Certes, tous les militaires ne veulent pas apprendre la langue seconde et on peut même dire que les anglophones répugnent à le faire. Là encore, les statistiques sont très révélatrices: au 30 septembre 1990, il y avait 11 469 francophones bilingues et 3 854 anglophones bilingues au sein des Forces armées qui comptent environ 63 000 anglophones et 24 000 francophones[7].

Cette faiblesse des anglophones pourrait bien constituer une force pour les francophones. De plus en plus, la connaissance des deux langues officielles constitue un facteur de promotion surtout en ce qui concerne les officiers. Ainsi, en 1997, le bilinguisme fonctionnel sera exigé de tout officier voulant accéder au grade de lieutenant-colonel ou à un grade plus élevé, soit au total environ 1 600 postes. Grâce à cette mesure, il se pourrait bien que de nombreux officiers francophones accèdent rapidement au niveau supérieur, permettant ainsi aux Forces armées de montrer dans quelques années une image plus bilingue et plus francophone de leur grand état-major. Quels que soient les efforts déployés par les anglophones pour devenir bilingues, les francophones, qui vivent souvent dans un environnement culturel anglophone (télévision, musique, livres, cinéma), partent de plus en plus gagnants.

Cela ne va pas sans problème. Tout le monde connaît les misères qu'ont subies les Canadiens français au sein des Forces armées pendant les deux premiers conflits mondiaux et jusqu'à la fin des années soixante. Des livres, des films, des pièces de théâtre, des articles et de nombreuses rumeurs ont alimenté la conscience populaire sur ce déplorable état de choses. La situation des francophones était effectivement mauvaise et le demeure parfois dans certaines unités militaires et dans plusieurs villes où des francophones sont postés. N'est-ce pas là l'image de la société canadienne actuelle? Sans vouloir s'apitoyer sur le sort des anglophones, il faut cependant souligner que plusieurs d'entre eux, surtout des officiers, commencent à ressentir douloureusement le poids de la politique de bilinguisme. Alors, ils parlent d'injustice dans les promotions comme jadis les francophones le faisaient. Mais leur handicap est beaucoup plus grand que celui des Canadiens français.

Le jeune Canadien anglais de Moose Jaw qui, à dix-sept ans, entre dans l'armée pour éventuellement devenir officier ne pourra jamais maîtriser la langue seconde comme un francophone le fait. Les statistiques évoquées plus haut le prouvent. D'abord, il provient d'un milieu où il n'entend jamais un mot de français sinon à l'école. On apprend rarement une langue seconde au cours de ses études primaires et secondaires. Ensuite, le jeune soldat qui entre dans la marine se retrouvera dans un environnement massivement anglophone. Dans l'aviation, ce sera un peu moins et encore moins dans l'armée de terre. Malgré les cours de français et la fréquentation de collègues francophones, s'il n'est pas affecté à une unité de langue française pendant de nombreuses années, ce qui ne lui arrivera sûrement jamais, il ne maîtrisera pas cette langue. Devenu officier et bilingue sur papier, il ne pourra travailler dans cette langue qu'en déployant des efforts considérables.

Certes, les officiers anglophones unilingues ou partiellement bilingues ne verront pas leur carrière stoppée à cause de la politique de bilinguisme intégral. Mais la pression deviendra de plus en plus forte pour qu'ils apprennent le français s'ils veulent obtenir des chances égales à celles des officiers francophones bilingues. L'armée n'est pas en voie d'être contrôlée par les francophones, mais dans quelques années ceux-ci pourraient bien former un groupe important à tous les échelons supérieurs de l'état-major.

On s'est souvent demandé pourquoi les francophones entraient dans les Forces armées même si la vie n'y était pas facile pour eux jusqu'à la fin des années soixante. Certains ont avancé des raisons économiques et sociales. La pauvreté et le chômage ont poussé et pousseraient encore de nombreux francophones à s'engager, un peu comme le font les Noirs aux États-Unis. Ces hypothèses ne tiennent pas lorsqu'on examine les chiffres du recrutement.

On note plusieurs causes à la faible participation des francophones pendant les deux guerres mondiales et à leur peu d'intérêt pour l'armée jusqu'à la fin des années soixante: le fait que les francophones voyaient ces deux conflits comme des guerres anglaises et non canadiennes, le mépris des anglophones à leur endroit, le manque de respect qu'on leur témoignait au sein de l'armée et l'impossibilité d'obtenir des promotions ont plus fait pour décourager les francophones de joindre l'armée que la pauvreté et le chômage ont pu faire pour les y pousser. Depuis vingt ans, les barrières psychologiques et politiques ont sauté et, comme les Noirs américains, les francophones joignent l'armée en très grand nombre. Mais là s'arrête la comparaison. La proportion des francophones dans l'armée est égale à leur poids démographique au Canada. Ce n'est pas le cas avec les Noirs américains. Ceux-ci représentent environ 12 % de l'ensemble de la population américaine mais constituent 25 % du personnel militaire de l'armée[8]. Quand on connaît la situation économique des Noirs américains, embourbés au bas de l'échelle sociale, on comprend qu'ils utilisent l'armée comme moyen de promotion dans la société.

Au Canada, l'armée ne constitue qu'un levier parmi d'autres pour assurer la mobilité et le développement des francophones. D'ailleurs, les derniers chiffres publiés par la Défense nationale sur la province d'origine des recrues montrent que le Québec continue toujours à fournir un nombre de militaires très légèrement supérieur à son poids démographique. Ainsi, en 1990, 28 % des recrues (anglophones et francophones) venaient du Québec, 26 % de l'Ontario, 23 % des Maritimes et 23 % des provinces de l'Ouest. Ces entités géographiques regroupent respectivement 26 %, 36 %, 9 % et 29 % de la population[9].

Serge Bernier estime que la véritable raison du succès de l'armée chez les francophones se trouve du côté politique. Longtemps, les francophones ont entretenu une image négative de cette armée qu'ils considéraient comme étant au service d'intérêts particuliers (ceux des anglophones) ou de la puissance coloniale, la Grande-Bretagne. Ils ne se trompaient pas vraiment. Mais plus l'État canadien s'est affirmé au cours des cinquante dernières années, plus les francophones ont été attirés par une armée qu'ils commençaient à considérer comme une véritable institution nationale. Depuis vingt ans, les militaires francophones ont acquis la conviction qu'ils travaillent pour le Canada et que cette armée, c'est aussi la leur.

Les soldats et les officiers de langue française interrogés racontent rarement des misères qu'ils vivent en tant que francophones. S'ils ont des plaintes à formuler, c'est plutôt contre l'institution elle-même, les politiciens qui les gouvernent ou les médias qui les maltraitent. Lorsqu'ils entrent dans l'armée, les francophones ne pensent pas tous à leur condition sociale ou au salaire qu'ils vont recevoir. On peut même affirmer que ce ne sont pas les raisons principales de leur engagement. Ils sont comme les autres soldats, avec les mêmes rêves et les mêmes ambitions.

DEUXIÈME PARTIE

La trahison des élites

Chapitre 7

À la recherche d'une politique de défense

Pour la plupart des Canadiens et de nombreux militaires, la politique de défense se résume à un ensemble de décisions concernant l'achat par leur gouvernement de frégates, de chars ou d'uniformes. Ce n'est pourtant là que le côté visible de tous les engagements politiques et militaires que le Canada a contractés depuis la fin de la Seconde Guerre mondiale et qui forment la politique de défense du pays.

Tout au long des cinquante dernières années, la politique de défense canadienne a été tiraillée entre deux grandes exigences: assurer la sécurité du pays à travers un réseau d'alliances et respecter les impératifs de la souveraineté nationale. Ces deux objectifs, constamment réaffirmés par tous les gouvernements tant libéraux que conservateurs, n'ont pas toujours été faciles à concilier. On peut même écrire sans risquer de se tromper que le premier a éclipsé le second, ce qui a fait dire à de nombreux experts que le Canada n'avait pas de politique de défense parce qu'il ne pouvait pas concrètement affirmer et défendre ses propres intérêts. D'autres estiment tout simplement que le Canada n'a pas le choix de s'engager dans un système d'alliances à cause de considérations stratégiques et économiques. De façon plus pragmatique, le rapport parlementaire Hockin-Simard sur la politique étrangère canadienne conciliait ces deux points de vue en soulignant en 1986 que «les Canadiens n'avaient pas besoin de faire une distinction entre la sécurité nationale et la sécurité internationale. Pour eux, ces deux notions sont identiques[1].» Voilà bien tout le dilemme de la politique canadienne de défense et de sécurité. Un dilemme qui sera sans doute encore plus difficile à trancher au moment où l'Europe est en pleine transformation et où le Canada risque de se retrouver seul avec les États-Unis.

*

Au sortir de la Seconde Guerre mondiale, le Canada «constituait la quatrième puissance militaire du monde. Sa flotte de guerre, avec 939 navires, n'était surpassée que par celle des États-Unis et de l'Angleterre. De plus, 70 % de la production de l'industrie de guerre avait été distribuée aux Alliés, méritant au Canada le titre d'arsenal de la démocratie», écrivent Paul Létourneau et Michel Fortmann, deux spécialistes canadiens des questions de défense[2]. Mais malgré cette puissance et cette réputation enviable, le Canada choisit de ne pas entretenir cette puissance militaire mais de tabler sur sa bonne réputation pour chercher à imposer le système de sécurité collective qui pourrait le mieux empêcher le déclenchement d'hostilités comparables à celles qui avaient détruit le monde durant deux grandes guerres. Le Canada optait pour les alliances et c'est au sein des Nations unies, qui furent créées en 1945 par 51 États, que notre pays pensait voir triompher la paix.

Le rêve des Nations unies comme grand arbitre de la vie internationale ne devait pas résister à l'implacable logique bipolaire qui avait émergé des cendres de la Seconde Guerre mondiale. États-Unis et Union soviétique, vainqueurs des puissances de l'Axe, se faisaient maintenant face pour tenter d'imposer leurs conceptions politiques et idéologiques au monde. Le Canada se rangea rapidement du côté des États-Unis et des alliés d'Europe de l'Ouest alors que l'Union soviétique imposait sa dictature aux pays d'Europe de l'Est, qui ne s'en libéreraient que quarante ans plus tard. En plus de l'affrontement idéologique entre deux systèmes se profilait une menace militaire soviétique sur l'ensemble du continent européen. Alors que les Occidentaux avaient rapidement démobilisé leurs forces après la Seconde Guerre mondiale, l'URSS entretenait une armée sans commune mesure avec ses besoins de sécurité.

Dès 1947, le secrétaire d'État canadien Louis Saint-Laurent suggéra la création d'une organisation pour assurer la sécurité régionale des pays de l'Ouest. Devant l'agressivité de l'Union soviétique en Europe de l'Est, l'idée fut reprise en 1948 par le chef de la diplomatie britannique, Ernest Bevin. L'Organisation du traité de l'Atlantique Nord (OTAN) était née et, en y adhérant l'année suivante, le Canada devait lier sa sécurité et son destin à ceux des autres membres de la communauté occidentale. Les Nations unies ne furent pas abandonnées pour autant. Au cours des ans, le Canada s'y fit l'un des principaux promoteurs du maintien de la paix et des négociations multilatérales sur le désarmement.

Ce n'est qu'en 1951 que la participation canadienne à l'OTAN devint physiquement importante. Une année auparavant, le déclenchement de la guerre de Corée avait poussé les pays de l'Alliance atlantique à renforcer leur potentiel militaire. Le Canada, qui avait retiré toutes ses troupes d'Europe après la victoire de 1945, se vit désigner en 1951 une région en Allemagne de l'Ouest et y installa un groupe brigade de 10 000 soldats et une division aérienne de douze escadrilles d'avions de combat. Une partie de la marine canadienne fut affectée à la surveillance de la région de l'Atlantique Nord. L'effort canadien en Europe était considérable compte tenu des ressources limitées du pays. Au milieu des années cinquante, le Canada maintenait la plus importante force aérienne en Europe.

Parallèlement à son intégration à l'OTAN, le Canada renforçait ses relations militaires avec les États-Unis. Après une quinzaine d'années de coopération informelle pour la défense aérienne du continent, les deux pays signèrent en 1959 un accord pour la création du Commandement de la défense aérienne de l'Amérique du Nord (NORAD). Nous en reparlerons plus en détail dans la troisième partie.

Cette politique d'alliance ne découlait pas seulement de la menace soviétique et de la guerre froide. Elle résultait avant tout de la vulnérabilité du territoire canadien et de l'impossibilité de le défendre contre n'importe quel assaillant. Les Américains étaient entrés deux fois en territoire canadien pendant le XVIIIe et le XIXe siècle, et les plans de défense de l'armée canadienne jusqu'au début des années trente prévoyaient une attaque venant du sud. Jusqu'à la chute des puissances de l'Axe, la menace, plus appréhendée que réelle, était germano-japonaise. Puis, jusqu'à tout récemment, la menace venait du bloc communiste. L'Union soviétique et ses alliés du Pacte de Varsovie faisaient peser toute leur puissance militaire sur les pays d'Europe de l'Ouest et par le fait même sur les États-Unis et le Canada qui avaient décidé de se porter garants de la sécurité européenne. De plus, avec le développement de bombardiers stratégiques puis de missiles balistiques, le Canada se trouvait sur la route conduisant aux États-Unis.

Certes, depuis 1945, le Canada n'a jamais cru devoir un jour faire face à un envahisseur. Il a plutôt cherché à prévenir une guerre qui aurait pu le toucher et c'est donc en fonction de menaces éloignées (Europe) et indirectes (attaque nucléaire soviétique contre les États-Unis) que la défense canadienne a été définie depuis une cinquantaine d'années. Cela a eu des conséquences importantes sur les activités des Forces armées canadiennes et sur l'achat de matériel. Depuis les années cinquante, le pays s'est engagé dans l'achat d'avions, de bateaux et de chars de combat dont les rôles dépendent avant tout des engagements au sein de l'OTAN et de NORAD. Des armes nucléaires ont même été déployées au Canada et dans les bases canadiennes en Europe. Elles ont été complètement retirées en 1984, à la suite d'une décision du gouvernement Trudeau.

*

La politique de défense canadienne n'est pas seulement fondée sur les alliances même si celles-ci demeurent au cœur de la sécurité du pays. Les trois derniers livres blancs sur la Défense (1964, 1971 et 1987) ont tous mis en évidence quatre grands axes pour assurer la défense et la sécurité du Canada: la défense collective au sein de l'OTAN; la défense du continent nord-américain en coopération avec les États-Unis; les missions de paix; et la protection de la souveraineté. Ces priorités ont connu des fortunes diverses selon l'humeur des gouvernements en place mais aucune n'a été aussi maltraitée que la dernière depuis une vingtaine d'années.

À la fin des années soixante, la détente Est-Ouest, la capacité grandissante de l'Europe d'assurer elle-même sa défense et la montée d'un nouveau nationalisme canadien servent d'arguments au gouvernement de Pierre Elliott Trudeau pour revoir les engagements militaires canadiens dans le monde, particulièrement ceux envers l'OTAN. Le premier ministre n'est pas un chaud partisan de l'Alliance atlantique et recommande même à son équipe chargée de revoir la politique étrangère et de défense du pays d'examiner les avantages du neutralisme et du non-alignement. Le 3 avril 1969, après un long débat au sein du cabinet libéral, Pierre Elliott Trudeau présente au Parlement les quatre objectifs de sa politique de défense: la protection de la souveraineté; la défense de l'Amérique du Nord; les obligations au sein de l'OTAN; et les missions de paix. Il annonce une diminution progressive des effectifs militaires canadiens en Europe. Deux ans plus tard, le livre blanc sur la Défense dans les années soixante-dix vient confirmer ces nouvelles orientations et le désengagement du Canada en Europe. Le ministre de la Défense, Donald Macdonald, écrit que la défense nationale «doit viser principalement l'objectif national qui consiste à assurer le maintien, en toute sécurité, de l'indépendance politique du Canada...[3]» Le ministre insiste beaucoup sur la souveraineté qui doit être défendue contre les défis de l'extérieur mais aussi contre ceux de l'intérieur, allusion aux événements d'octobre 1970 et aux angoisses de Pierre Elliott Trudeau devant les désordres sociaux aux États-Unis.

Cette première incursion dans le domaine de la défense de la souveraineté ne sera pas un succès, tant militairement que politiquement. Le gouvernement libéral estime qu'il est dans l'intérêt national de surveiller et de contrôler toutes les activités ayant lieu sur le territoire canadien, dans ses eaux limitrophes et dans son espace aérien qui seraient susceptibles de violer la souveraineté du pays. De nombreuses pages du livre blanc sont consacrées à l'importance économique et stratégique de la région arctique et de l'océan Pacifique. La tâche est énorme, mais le gouvernement ne consacre aucune ressource supplémentaire à la protection de la souveraineté. Au contraire, de 1969 à 1973, le budget de la Défense est gelé alors que la part consacrée à l'achat de matériel tombe à 9 % du budget total du ministère de la Défense nationale. Pendant ce temps, le nombre de navires et d'avions chargés d'assurer le respect de la souveraineté chute rapidement.

Sur le plan politique, la décision de réduire les forces canadiennes en Europe provoque la fureur des alliés et l'embarras du gouvernement. Pierre Elliott Trudeau cherche depuis son accession au pouvoir à resserrer les liens économiques entre le Canada et la Communauté européenne pour se dégager de l'emprise américaine. Les Européens exigent quelque chose en retour. En 1975, le chancelier ouest-allemand Helmut Schmidt, reflétant un sentiment largement répandu au sein de l'Alliance, somme Pierre Elliott Trudeau de «remonter ses chaussettes militaires, s'il a l'intention d'obtenir des avantages commerciaux de la part de l'Europe[4]». Le message est reçu cinq sur cinq. Le 27 novembre 1975, le gouvernement annonce un plan pour moderniser les forces canadiennes en Europe et renouvelle son attachement à l'Alliance atlantique[5]. L'OTAN redevient la priorité alors que la souveraineté est mise en veilleuse.

Il faudra attendre la publication du livre blanc de 1987 pour que le concept de souveraineté retrouve de son actualité et que son respect soit assorti de mesures concrètes. Mais là encore, la défense de la souveraineté sera victime du déficit budgétaire et de la détente Est-Ouest.

*

Lorsque le gouvernement conservateur de Brian Mulroney présente sa politique de défense le 5 juin 1987, il y a seize ans que le Canada n'a pas exposé ses vues sur le sujet. Le gouvernement Mulroney désire que le Canada, au moment de faire son entrée dans le XXIe siècle, soit plus fort et que sa souveraineté soit mieux respectée. S'étendant sur une période de quinze ans au cours de laquelle le budget sera régulièrement augmenté de 2 % par an et devant coûter environ 183 milliards de dollars au Trésor fédéral, dont 25 % seront consacrés à l'achat de matériel, la nouvelle politique de défense réaffirme la priorité accordée aux alliances militaires mais préconise une rationalisation de la présence canadienne en Europe. Ainsi, le Canada abandonne son engagement d'envoyer une brigade en Norvège en cas de conflit mais consolide sa présence en Allemagne de l'Ouest en lui affectant cette brigade et en augmentant le contingent déjà déployé dans ce pays. Mais le plus intéressant dans ce livre blanc, c'est l'importance donnée à la défense de la souveraineté du pays. Ce gouvernement entend consacrer de nouvelles ressources aux objectifs suivants:

• reconstituer une marine efficace dont le potentiel opérationnel pourra se déployer sur trois océans, en faisant l'acquisition de 10 à 12 sous-marins à propulsion nucléaire et de 6 autres frégates;

• renforcer la surveillance du territoire en achetant six nouveaux avions de patrouille, maintenir le nombre de CF-18 et s'engager dans un programme de recherche et de développement de systèmes de surveillance spatiale;

• grossir le nombre de réservistes, améliorer leur entraînement et leur matériel, et élargir leurs responsabilités.

À ces nouvelles mesures s'ajoutent celles déjà prises plus tôt comme la modernisation du Système d'alerte du Nord, lancé dans le cadre de NORAD en 1985, qui remplacera les radars de la ligne DEW, ainsi que la modernisation de cinq aérodromes situés dans le Grand Nord pour en faire des emplacements avancés d'opérations pour les intercepteurs venant de Cold Lake et de Bagotville.

Le cœur de ce nouveau livre blanc est sans contredit la volonté du gouvernement de doter le Canada d'une marine capable de manœuvrer dans les trois océans qui bordent le pays. Après avoir modernisé les forces aériennes au début des années quatre-vingt, le ministère de la Défense se tourne maintenant vers la mer où ses stratèges ont identifié de nouvelles menaces, donc de nouveaux rôles pour cette branche des Forces armées qui a été longuement négligée.

Le Pacifique et l'Arctique deviennent chaque jour des zones convoitées par les superpuissances et leur potentiel économique s'accroît rapidement. Pierre Elliott Trudeau l'a reconnu en 1969 mais n'a rien fait pour y affirmer la présence canadienne. La flotte soviétique de submersibles et de navires de guerre dans le Pacifique Nord est l'une des plus importantes du monde tandis que les deux superpuissances tiennent l'Arctique et sa calotte glacière pour un repaire indétectable pour leurs sous-marins lanceurs de missiles stratégiques ou de missiles de croisière. Advenant un conflit, ces sous-marins pourraient très bien emprunter les voies de navigation canadiennes dans l'Arctique pour frapper chez l'ennemi. De plus, la nouvelle stratégie maritime américaine qui consiste à détruire les forces navales soviétiques dans leurs propres eaux nécessiterait l'utilisation des eaux arctiques canadiennes. Enfin, l'Atlantique Nord demeurera une voie de communication vitale avec l'Europe de l'Ouest, autant pour le commerce que pour l'acheminement de matériel militaire en temps de crise.

Aux grands facteurs stratégiques internationaux soulignés dans le livre blanc s'ajoutent des éléments de politique intérieure. Au fil des ans, la marine canadienne s'est dégradée, ne constituant plus une force adéquate même pour les missions qui lui sont assignées par l'OTAN. En 1963, 45 gros navires de guerre et 10 dragueurs de mines étaient en service. En 1987, la marine ne comptait aucun dragueur de mines et 26 navires de guerre. Les prévisions pour la fin du siècle étaient d'environ 16 à 20 navires. Selon le gouvernement, il n'était plus possible d'assurer la souveraineté dans les eaux canadiennes et d'empêcher qu'amis comme ennemis ne violent le territoire. Deux événements étaient d'ailleurs venus rappeler ces réalités.

En août 1985, le brise-glace américain *Polar Sea* franchissait le passage du Nord-Ouest dans l'Océan arctique sans en demander la permission au gouvernement canadien. Puis, au printemps 1986, on apprenait que trois sous-marins américains avaient fait surface au pôle Nord, vraisemblablement après avoir traversé les eaux canadiennes. Du côté soviétique, même si aucune violation du territoire canadien n'a été enregistrée, il n'est pas impossible que cela se produise dans le futur. L'incident du *Polar Sea,* comme celui très similaire du *Manhattan* en 1969, a provoqué l'indignation de la population et la mise en place de mesures juridiques et militaires de la part du gouvernement. Ottawa a délimité le territoire canadien dans l'Arctique et énoncé ses revendications sur les eaux de cet océan. Le nombre de patrouilles aériennes a été augmenté et un brise-glace de classe 8 commandé. À cette époque, un chercheur canadien, David Cox, écrivait que si le Canada n'agissait pas pour assurer sa présence dans l'Arctique, «il n'était pas exagéré d'envisager un avenir où une large bande de l'Arctique canadien deviendrait de facto une zone réservée exclusivement aux opérations militaires des États-Unis[6]».

Le livre blanc voulait donc moderniser la marine et s'attaquer au problème du respect de la souveraineté. Mais, à peine sorti des presses, le nouvel énoncé de politique semblait voué à l'échec. Les critiques accusèrent le gouvernement de vouloir réarmer le pays alors que l'atmosphère était à la détente et au désarmement. Les coûts du programme d'achat de sous-marins firent l'objet de vifs commentaires alors que le déficit budgétaire du gouvernement mettait en péril le financement du budget militaire. Hésitant, le gouvernement défendit du bout des lèvres sa nouvelle politique de défense et mit en sourdine tout le concept du respect de la souveraineté. Le 27 avril 1989, il annonçait l'annulation de plusieurs programmes d'achats militaires dont celui des sous-marins. Quelques mois plus tard, le projet de brise-glace subissait le même sort.

À ce jour, aucune révision de la politique de défense n'a été publiée par le gouvernement malgré les promesses répétées du ministre de la Défense nationale. Les changements politiques et militaires en Europe ainsi que le conflit dans le golfe Persique expliquent l'attentisme du gouvernement qui cherche à y voir clair avant de publier un nouveau livre blanc.

Chapitre 8

L'indifférence des élites

La mort du livre blanc sur la Défense de 1987, de ses grandes envolées géopolitiques et géostratégiques, de son vaste programme militaire et de la défense de la souveraineté ne s'est pas produite le jour de l'énoncé du budget fatidique d'avril 1989. En fait, le sort du livre blanc avait été fixé quelques mois plus tôt lors d'un remaniement ministériel. Perrin Beatty, qui avait piloté le dossier pendant deux ans, était muté à un autre ministère alors que William McKnight était chargé du ministère de la Défense nationale. Après deux ans de débats souvent acrimonieux et une intense campagne de presse de la part du gouvernement pour faire accepter son programme militaire et surtout pour faire prendre conscience à la population de l'importance du respect de la souveraineté du Canada, le cabinet fédéral sabra non seulement dans le programme des sous-marins mais aussi dans ceux visant l'achat de nouveaux avions de patrouilles, de chasseurs CF-18 et de véhicules destinés à patrouiller l'Arctique. Matériellement, la défense de la souveraineté devenait impossible. À cet abandon, William McKnight ajouta le renoncement politique. À sa sortie de la Chambre des communes après l'annonce des réductions du budget de la Défense, il déclara aux journalistes que la défense des eaux arctiques canadiennes devrait être laissée aux États-Unis et à la Grande Bretagne. «Nous allons peut être devoir compter plus sur nos alliés[1].»

Les propos du ministre contrastaient avec la rhétorique ronflante de Perrin Beatty le jour où il avait déposé son livre blanc devant le Parlement, alors qu'il avait déclaré: «Certains suggéreront peut-être que nous laissions à d'autres la défense des eaux qui ressortissent à notre pays. Le gouvernement est prêt à discuter des moyens d'assurer en collaboration la défense de l'Amérique du Nord sous tous ses aspects, mais il ne permettra pas que la souveraineté du Canada soit compromise. Face à nos alliés, nous serons des partenaires et non des subordonnés[2].»

L'humble déclaration de William McKnight ne provoqua pas la moindre protestation de la part des conservateurs, ni de l'opposition libérale et néo-démocrate, pas plus que de tous les groupes intéressés aux questions de défense et de politique étrangère. En France, ou dans tout autre pays, le ministre de la Défense nationale qui renoncerait à la souveraineté sur une partie de son pays serait congédié sur-le-champ. Un violent débat aurait lieu entre les partis politiques et au sein de la population pour que l'indépendance nationale soit préservée. Mais cela ne s'est pas encore produit, tout simplement parce qu'il n'y a pas beaucoup de pays sur la planète qui ignorent les responsabilités liées à la souveraineté et à l'indépendance nationale. Le Canada est une exception.

*

John Halstead n'est pas surpris par ce renoncement et surtout par l'absence de réactions. Diplomate de carrière, partisan des alliances, artisan du lien contractuel entre le Canada et la CEE, il pense que ceux qui prennent les décisions politiques estiment que la défense et la sécurité «c'est totalement hors de propos[3]». Ils ne veulent pas perdre de temps à en discuter. «Au Canada, nous ne comprenons pas ce que veut dire le mot pouvoir, dans le sens de mobiliser des ressources pour faire quelque chose. Pourquoi? Parce que le pouvoir a toujours été exercé par d'autres (Londres ou Washington). Nous avons alors abdiqué. Nous sommes devenus irresponsables.» Pour John Halstead, le Canada ne détient pas le pouvoir militaire minimum d'un État souverain. «La première exigence de l'État souverain, c'est d'exercer un contrôle effectif de son territoire. Ici, au Canada, nous ne contrôlons pas notre territoire. Nous ne savons même pas ce qui se passe sur notre territoire. Alors, nous sommes victimes d'incursions étrangères dans nos eaux territoriales et notre espace aérien, du commerce de la drogue, de l'immigration illégale, etc.»

John Halstead pense que le désintérêt des Canadiens concernant l'exercice de ce pouvoir découle de l'indifférence des élites envers les questions de défense et de sécurité. Il n'est pas le seul à dresser ce constat. Diplomates, militaires, experts et même politiciens à la retraite soulignent le vide qui existe tant dans les milieux politiques qu'intellectuels sur ces questions. Certains avouent même en être les premiers responsables. Mitchell Sharp, ancien secrétaire d'État aux Affaires extérieures de Pierre Elliott Trudeau, «plaide coupable sur tout la ligne». «Nous n'avons aucune histoire militaire, aucune menace directe qui puisse justifier de fortes dépenses militaires, explique-t-il. Mais les politiciens portent une lourde responsabilité pour le manque de débat et le peu d'information qui circule sur ces questions[4].»

Albert Legault, professeur d'études stratégiques à l'Université Laval, à Québec, et conseiller de l'ancien ministre de la Défense Gilles Lamontagne, est plus direct. «Les hommes politiques canadiens ne se sont jamais intéressés aux problèmes de défense. Le ministère de la Défense nationale, pour tout politicien, c'est l'exil. Personne n'a fait une carrière politique à la Défense nationale[5].» On n'a qu'à consulter la liste des ministres qui se sont succédé à la tête de ce ministère pour comprendre rapidement ce que veut dire

M. Legault. Au cours des trente dernières années, 19 hommes ont occupé le poste de ministre de la Défense. Certains y sont demeurés quatre ans, d'autres quelques mois. La plupart de ces ministres sont inconnus du grand public et un seul, Paul Hellyer, auteur d'une vaste réforme au sein des Forces armées canadiennes dans les années soixante, a tenté de devenir premier ministre. Il a été battu au congrès libéral de 1968 par Pierre Elliott Trudeau.

Selon Geoffrey Pearson, ancien ambassadeur du Canada à Moscou et ancien directeur de l'Institut canadien pour la paix et la sécurité internationale, au Canada «on a toujours misé sur la diplomatie et non sur la défense et la sécurité. Alors que depuis 1945, notre voisin est la plus grande puissance du monde, que cette puissance est aussi militaire et qu'elle influence toute la politique internationale, personne au Canada ne s'y intéressait jusqu'à tout récemment. C'était la même chose au sein du gouvernement. Au ministère des Affaires extérieures, où j'ai travaillé de nombreuses années, si on voulait réussir il fallait connaître les problèmes diplomatiques; pas les problèmes militaires ou de sécurité.» Selon Geoffrey Pearson, les élites politiques et intellectuelles ont trahi leur rôle d'éducateurs auprès du public. «Il ne s'agissait pas de mobiliser constamment la population sur les questions militaires, ajoute-t-il. Seulement de faire comprendre aux gens que tout pays doit penser à sa défense et à sa sécurité. Cela n'a pas été fait de façon systématique, ce qui explique la pauvreté des débats actuels sur ces questions[6].»

L'indifférence des politiciens envers les questions de défense et de sécurité ne frappe pas toute la classe politique. Pauline Jewett, qui fut pendant de nombreuses années critique des Affaires extérieures pour le Nouveau Parti démocratique au Parlement fédéral, se souvient des réunions du caucus de son parti sur les questions de politique étrangère et de défense. «Il n'était pas rare que le tiers des députés de notre caucus se présente à ces réunions, dit-elle. La plupart des députés présents manifestaient un intérêt marqué pour ces questions même si leurs connaissances étaient limitées[7].» L'activisme du NPD sur ces questions peut aisément s'expliquer. Plusieurs députés néo-démocrates sont très sensibles aux pressions des groupes et organisations pour la paix, souvent dirigés par des militants néo-démocrates. De plus, les pacifistes travaillent régulièrement en coalition avec des mouvements féministes, écologistes, syndicaux ou communautaires, qui constituent les principaux soutiens du NPD. Malgré cet intérêt pour les questions de défense et de sécurité, on peut se demander ce que le NPD pourrait véritablement changer s'il était en mesure de gouverner le pays. Tout indique qu'il se heurterait aux mêmes problèmes géopolitiques et financiers que les conservateurs et les libéraux et que ses préjugés favorables aux questions sociales ne lui laisseraient pas le choix: il diminuerait probablement les ressources allouées à la Défense nationale.

*

La campagne électorale de l'automne 1988 a permis de découvrir un autre indice du désintérêt des élites politiques pour la défense. Pour la première fois depuis 1963, la défense semblait être l'un des enjeux majeurs des élections. Vingt-cinq ans plus tôt, le gouvernement de John Diefenbaker s'était heurté à la question du déploiement de missiles nucléaires américains au Canada. Ses opposants avaient abordé ce problème durant la campagne électorale et certains observateurs estiment que John Diefenbaker a perdu cette élection à cause de son indécision légendaire concernant les relations militaires entre le Canada et les États-Unis.

En septembre 1988, au moment où Brian Mulroney déclenche des élections, nombreux sont ceux qui croient que la défense constituera un enjeu important. Les sondages indiquent que les Canadiens ne voient plus les Soviétiques comme la principale menace extérieure. Ils répugnent à augmenter le budget de la Défense nationale et rejettent massivement l'achat de sous-marins à propulsion nucléaire. Misant sur cet état d'esprit des électeurs, l'Alliance canadienne pour la paix lance une vaste campagne baptisée «Votons pour la paix» et promet une chaude lutte au gouvernement et aux candidats qui ne défendent pas certaines thèses pacifistes. L'Alliance ne présente aucun candidat mais fait campagne dans 180 circonscriptions sur 295. Elle espère obtenir des résultats positifs dans une vingtaine d'entre elles où des candidats, souvent néo-démocrates comme le général Len Johnson à Kingston, véhiculent un message pacifiste.

Malheureusement pour l'Alliance et pour plusieurs partisans de la défense, la question militaire, comme bien d'autres enjeux, est complètement éclipsée par le débat sur le libre-échange. Les trois grands partis ont tous une bonne raison de ne pas en parler. Les conservateurs consacrent toutes leurs énergies à défendre le libre-échange avec les États-Unis et évitent de s'engager dans une guerre de chiffres perdue d'avance sur le budget de la Défense au moment où les Canadiens réclament une augmentation des ressources destinées aux services sociaux. Les libéraux n'ont tout simplement pas de politique de défense alors que les néo-démocrates, qui espèrent remplacer les libéraux comme Opposition officielle, ont tout intérêt à dissimuler la leur. Le NPD veut faire du Canada une zone libre d'armes nucléaires et veut rompre les amarres avec l'OTAN et NORAD, ce que rejette la majorité des électeurs. Bref, on assiste à une complicité du silence étonnante, mais où chaque parti n'a rien à perdre puisque la portion de l'électorat qui est vraiment sensible aux questions de défense et de sécurité ne représente qu'une poignée de votes.

À ce désintérêt des élites politiques, il faut ajouter celui des intellectuels. Il n'existe pas au Canada un groupe important d'intellectuels qui réfléchissent sur les questions de défense et de sécurité et qui puissent avoir une influence sur les décisions gouvernementales. Bien sûr, le Canada a sa cohorte de politicologues, d'experts, d'historiens, de consultants et de professeurs qui consacrent une bonne partie de leur temps à ces questions. Mais ils sont rarement écoutés par les hommes politiques et n'interviennent publiquement que lors de grandes crises — affaire d'Oka et conflit dans le golfe Persique, par exemple. À quelques exceptions notables, il n'y a pas de journalistes spécialisés sur les questions de défense et de sécurité et le Canada est le seul pays de l'OTAN à ne pas maintenir de journalistes en poste à Bruxelles pour couvrir les questions militaires. Il est quand même assez étonnant de voir qu'au Canada on ne s'intéresse pas à la Défense nationale qui, avec un budget annuel de 12 milliards de dollars, engloutit pourtant 46 % de toutes les ressources discrétionnaires du gouvernement fédéral dans l'achat de matériel militaire alors que les crédits même négligeables consacrés à n'importe quel autre secteur d'activité font souvent l'objet de débats publics.

On trouve plusieurs raisons à ce désintérêt. D'abord, le caractère hautement secret des activités militaires et des transactions commerciales qui y sont liées. Puis, l'incapacité du Parlement à jouer un véritable rôle dans les questions de défense et de sécurité. Enfin, l'absence d'une politique de défense, vouée à la protection de certains intérêts nationaux, qui puisse mobiliser la population. Mais ces éléments peuvent être surmontés par la volonté politique. Aux États-Unis, le Congrès détient un rôle politique important dans l'élaboration des politiques de défense et scrute minutieusement le budget militaire. En France ou en Suède, les gouvernements ont défini des objectifs nationaux qui ne les empêchent pas de trouver leur place dans le système international.

Non, il semble que la véritable raison du désintérêt des Canadiens soit d'ordre psychologique. Isolés sur leur continent avec comme voisin la plus grande puissance du monde, ils estiment qu'il n'est pas nécessaire de planifier leur défense et leur sécurité et surtout qu'ils n'ont pas besoin d'y consacrer beaucoup d'argent. Les États-Unis ne sont pas loin. Ils viendront nous défendre, contre notre gré s'il le faut.

Chapitre 9

Un missile en folie

La résignation des Canadiens et le renoncement des élites à s'occuper des questions de défense et de sécurité ont des conséquences négatives dans l'élaboration des politiques de défense. Deux exemples serviront à illustrer cela: les essais du missile de croisière, auxquels nous consacrons ce chapitre, et le programme des sous-marins à propulsion nucléaire que nous aborderons dans le chapitre suivant. Dans ces deux cas, le résultat fut un incroyable cirque politique où la duplicité, le mensonge, le secret et les objectifs mal définis ont tenu lieu de politique officielle, ne contribuant aucunement à la formation d'un consensus sur la défense et la sécurité du Canada.

Sur la question des missiles de croisière, la confusion a régné dès le début, en 1980. Les derniers rebondissements de l'affaire, en 1989, ne devaient pas faire exception. Le 1er février 1989, alors que le ministère de la Défense nationale annonçait que le Canada allait permettre aux États-Unis d'essayer un nouveau missile de croisière dit «avancé» (ACM) au-dessus de son territoire, la population canadienne l'apprenait le même jour par la voie de trois grands quotidiens, le *Toronto Star*, le *Citizen* et *Le Devoir*. Pourtant, le 22 janvier, ce même ministère avait publié, bien tranquillement, un communiqué annonçant que le traditionnel missile de croisière, qui volait au-dessus du Canada tous les hivers depuis 1984, allait reprendre ses essais. Cette confusion dans les intentions puis dans les décisions gouvernementales, qu'on a expliquée en soulignant que les Américains avaient présenté leur demande concernant l'ACM le 17 janvier, devait tourner au rocambolesque lorsque l'agence de presse Southam News rendit publique, deux mois plus tard, une liasse de documents de la Défense nationale dans laquelle on apprenait deux choses. Premièrement, si les essais du missile américain devaient causer des dégâts, les Canadiens devraient en assumer les coûts en partie ou en totalité selon le cas. Deuxièmement, pendant toute la période précédant la décision d'accepter les essais en juillet 1983, les politiciens et les officiels de la Défense nationale avaient systématiquement menti sur les négociations et les pourparlers devant mener à l'accord.

Les groupes pour la paix et les partisans du contrôle des armements se saisirent de l'affaire de l'ACM pour dénoncer à nouveau la politique gouvernementale. Mais le Parlement était en vacances jusqu'au 7 avril et les partis d'opposition ne firent pas grand bruit. C'est un personnage d'envergure qui remonta le moral du gouvernement: Andrei Sakharov. Visitant Ottawa en février 1989, le célèbre physicien soviétique, Prix Nobel de la paix, déclara que les essais du missile de croisière constituaient une chose normale qui ne déstabilisait pas les relations Est-Ouest, contrairement à ce que clamaient les pacifistes canadiens[1]. Si l'honneur du gouvernement fut sauvé par un si prestigieux citoyen soviétique, la petite histoire des essais du missile de croisière n'a rien de glorieux. Elle marque encore aujourd'hui les relations tumultueuses entre les citoyens du Canada et les questions de défense et de sécurité.

Faisons un petit retour en arrière. Le vendredi 15 juillet 1983, les ministres de la Défense et des Affaires extérieures, Gilles Lamontagne et Allan MacEachen, arrivent à une conférence de presse avec une heure et demie de retard. Ils viennent de quitter une réunion agitée du Cabinet au cours de laquelle les ministres ont approuvé l'entente canado-américaine sur les essais du missile de croisière. Cette annonce officielle met fin à trois ans de négociations secrètes entre les deux pays. Le temps presse pour le gouvernement. Depuis un an, certains ministres et députés et même le premier ministre Pierre Elliott Trudeau envoient des signaux contradictoires quant à leurs intentions sur les essais, dont l'existence a été révélée par les indiscrétions d'un militaire... américain en octobre 1980. Les sondages révèlent une opinion publique troublée sinon carrément opposée à ce nouvel engagement militaire alors que des manifestations pacifistes se déroulent à travers tous les pays de l'OTAN pour protester contre le déploiement des euromissiles. Les Canadiens sont tellement troublés que pendant la conférence de presse, Gilles Lamontagne s'écrie que «ce n'est pas la bombe atomique que nous testons» en se disant surpris de l'incompréhension d'une opinion publique qui croit que le missile est armé d'une tête nucléaire. Cette impression persistera longtemps. Les ministres exposent donc la nature de l'accord et les raisons militaires et politiques qui ont poussé le Canada à accepter la requête américaine. L'accord sur les essais du missile fait partie d'une entente générale sur des essais militaires américains au Canada appelée CANUSTEP ou Programme canado-américain d'essai et d'évaluation. En vertu de cette entente, signée le 10 février 1983 et valable pour cinq ans, les États-Unis peuvent demander la permission de mettre à l'essai les systèmes suivants: pièces d'artillerie, hélicoptères, systèmes de surveillance et d'identification, munitions non nucléaires, systèmes de navigation d'aéronefs et le système de guidage pour missiles de croisière. L'entente a été renouvelée en 1988 pour une seconde période de cinq ans.

Armés de la documentation fournie par le ministère de la Défense, les ministres soulignent que le missile sera «lancé au large de la côte septentrionale du Canada, atteindra la côte à l'est du delta du Mackenzie, poursuivra sa route de façon relativement parallèle aux Rocheuses en survolant des régions très peu peuplées et mettra le cap vers l'est aux environs de Dawson Creek en direction du polygone de tir aérien de Cold Lake en Alberta». L'essai a pour but, selon eux, d'évaluer l'efficacité opérationnelle du missile et de son système de guidage dans un climat arctique ou subarctique en survolant un territoire représentatif que «rencontrera un missile en situation opérationnelle». Il s'agit ici bien entendu du territoire soviétique. Le document explicatif précise que «les États-Unis ont procédé à une série d'essais fructueux du système de guidage du missile de croisière sur leur territoire. Ils désirent cependant procéder à de derniers essais sur de vastes étendues plates...». De plus, «aux termes de l'accord OTAN sur le statut des forces, les États-Unis seront responsables de tout dommage causé aux terres de la Couronne ou à la propriété privée». On verra par la suite que les Américains ne voulaient pas seulement procéder à de «derniers essais» et que le Canada assumerait les coûts d'accidents[2].

MM. Lamontage et MacEachen déclarent que la décision d'autoriser les essais est liée à la politique dite de double-décision que l'OTAN a adoptée en 1979. Cette double-décision prévoit le déploiement de 575 missiles de croisière et fusées Pershing 2 sur le territoire de cinq pays européens pour contrer une nouvelle génération de missiles soviétiques, les SS 20, et présente une offre de négociation pour éliminer éventuellement tous ces missiles de portée intermédiaire. Le Canada, qui avait appuyé cette décision, ne fait que sa part pour appuyer la politique de dissuasion nucléaire de l'OTAN, affirment les ministres. Allan MacEachen déclare même qu'advenant un accord sur le retrait des euromissiles, le Canada pourrait reconsidérer sa position sur les essais, comme le prévoit l'accord.

Pourtant, l'OTAN n'a rien demandé. Le ministre ouest-allemand de la Défense, Manfred Woerner, lors de son passage à Ottawa quelques jours plus tard (le 27 juillet), soulignera que le missile de croisière testé au Canada n'est pas une arme de l'OTAN et que l'Alliance n'a rien à voir avec la décision canado-américaine. Il se dira néanmoins satisfait que le Canada participe à la dissuasion collective.

Ce 15 juillet, le gouvernement Trudeau pense ne pas trop soulever la colère en annonçant les essais un vendredi en fin d'après-midi, alors que le Parlement est en vacances et que la plupart des journalistes ont déserté la capitale ou se précipitent à leurs bureaux pour boucler l'édition de fin de semaine. Furieux, le *Globe and Mail* dénonce la dérobade du gouvernement. Plus cinglante, Lise Bissonnette, du *Devoir,* critique en éditorial le louvoiement du ministre Gilles Lamontagne, ironisant sur l'attitude du Conseil des ministres, «un groupe désemparé et confus dans cette affaire». Immédiatement après la conférence des deux ministres, une association de 26 groupes pacifistes baptisée Operation Dismantle entreprend de contester la politique du gouvernement et d'exiger la fin des essais.

La question des essais du missile de croisière mettait le premier ministre Pierre Elliott Trudeau dans l'embarras depuis des années. Il avait longtemps nié l'existence de discussions à ce sujet. Pourtant il en avait discuté avec le président Jimmy Carter en 1980 et les négociations officielles avaient commencé le 15 avril 1981. Mais Pierre Elliott Trudeau esquivait toujours la question et le 14 février 1983, lors d'un débat à la Chambre des communes suivant la signature de l'accord CANUSTEP, il déclare que le Canada ne s'est jamais engagé à permettre les essais du missile. Cela était faux: le premier ministre savait pertinemment que cet accord n'était qu'un stratagème pour permettre les essais du missile.

Quatre mois plus tard, il rompt le secret. Le 9 mai, dans une lettre ouverte à tous les Canadiens et Canadiennes, il explique à la population les raisons qui poussent le Canada à accepter «éventuellement de collaborer à l'essai du système de guidage des missiles[3]». Même si la lettre est rédigée au conditionnel, cela ne leurre personne: le gouvernement a déjà accepté les essais, comme l'a déclaré en avril 1982 le ministre des Affaires extérieures de l'époque, Mark MacGuigan. Dans sa lettre, Pierre Elliott Trudeau invoque les obligations du Canada envers l'OTAN, le refus des superpuissances d'adhérer à sa stratégie de l'asphyxie visant à étouffer dans l'œuf, au sein même des laboratoires, la mise au point de nouveaux engins de guerre nucléaires et son trouble devant l'anti-américanisme de certains pacifistes qui ne semblent pas voir l'agressivité montante du gouvernement soviétique. Fustigeant les uns comme les autres, Pierre Elliott Trudeau, qui a durement attaqué Lester B. Pearson en 1963 lorsque celui-ci avait consenti à recevoir des armes nucléaires en territoire canadien, accepte maintenant de participer à la mise au point d'une nouvelle arme nucléaire. Il devait faire amende honorable quelques mois plus tard en annonçant une mission de paix à travers le monde. Dans deux importants discours prononcés en octobre 1983 et en février 1984, il dénonça les stratégies nucléaires des superpuissances et la complicité du silence des spécialistes qui «voudraient nous faire croire que les questions afférentes à une guerre nucléaire sont devenues trop complexes pour qu'on laisse à d'autres qu'eux le soin de les régler[4]». C'est pourtant exactement l'attitude que lui et son gouvernement avaient adoptée sur la question des essais du missile de croisière, qu'il prit soin d'ailleurs de ne plus évoquer par la suite.

La vigueur avec laquelle le gouvernement Trudeau a lié les essais du missile au déploiement des euromissiles a embarrassé les dirigeants politiques jusqu'à nos jours. Le problème avec ce lien, c'est qu'il ne tenait pas. D'abord, l'accord du 15 juillet 1983 était une entente bilatérale entre le Canada et les États-Unis et n'avait rien à voir avec le déploiement des euromissiles, fruit d'accords entre Washington et cinq pays européens. En fait, l'accord canado-américain était le résultat d'un intense lobby des Américains, commencé en 1978, pour amener les Canadiens à livrer leur territoire aux expériences du Pentagone qui voulait développer toute une génération de missiles de croisière, parmi lesquels ceux déployés en Europe ne constituaient qu'un modèle. Les arguments techniques et militaires du gouvernement canadien, qui affirmait que le missile testé au Canada était lié à ceux déployés en Europe, ne tenaient guère. Les missiles déployés en Europe allaient survoler des régions très peuplées dont le territoire n'avait rien à voir avec les étendues glacées du Canada. Le leader pacifiste canadien Simon Rosenblum a bien décrit dans un livre intitulé *Misguided Missiles,* publié en 1985, l'origine et les développements successifs de ce missile[5]. Il y soulignait que les missiles testés au Canada seraient lancés par des bombardiers américains décollant des États-Unis pour attaquer l'Union soviétique par son versant Est et non Ouest. En survolant la Sibérie, les missiles de croisière se promèneraient en pays de connaissance grâce à leur expérience de l'Arctique canadien. Rosenblum écrivait même que le temps viendrait où les Américains voudraient tester le missile de croisière avancé. C'est ce qui arriva le 1er février 1989.

Les arguments politiques invoqués par Pierre Elliott Trudeau et ses ministres étaient encore plus confus que les arguments techniques et militaires. Le Canada n'était pas enfermé dans le dilemme consistant à quitter l'OTAN ou à autoriser les essais, comme le laissait entendre le gouvernement canadien. D'autres pays membres de l'Alliance atlantique refusent certains rôles militaires, surtout ceux liés aux armes nucléaires. La France, qui a quitté le commandement militaire intégré de l'OTAN en 1966, n'a jamais remis en cause sa participation à la défense occidentale pour autant. Trudeau et ses ministres faisaient du théâtre pour obliger les Canadiens à accepter une décision qui leur répugnait et que le gouvernement n'avait pas eu le courage de leur expliquer honnêtement.

*

Lorsque le gouvernement conservateur hérita du dossier en 1984, il maintint les arguments invoqués par l'ancienne administration. Le secrétaire d'État aux Affaires extérieures, Joe Clark, déclara en 1987 que si le Canada annulait les essais il devrait renoncer à ses engagements au sein de l'OTAN. Mais Joe Clark devait être plus explicite en déclarant, le 6 mars 1987, que «les missiles de croisière qui font l'objet d'essais au Canada sont lancés par air et font partie des forces stratégiques de dissuasion des États-Unis. Le rôle que les forces stratégiques de dissuasion basées aux États-Unis jouent dans le maintien de l'équilibre global de la dissuasion nucléaire prendrait en fait de l'importance si un accord sur les FNI (euromissiles) entraînait l'élimination des missiles américains en Europe. Dans cette optique, les essais visant à vérifier la fiabilité et l'efficacité des missiles de croisière lancés par air seraient encore plus nécessaires si un accord sur les FNI était conclu, et ce tant au point de vue du contrôle des armements que de celui de la défense[6]».

Joe Clark venait d'exprimer clairement la véritable position canadienne sur les essais du missile, celle qu'aurait dû exprimer le gouvernement Trudeau en 1983. Dans aucune brochure ou déclaration gouvernementale de 1983 et 1984 il n'est fait référence à un quelconque lien entre les essais du missile et les forces stratégiques nucléaires américaines.

Le gouvernement libéral avait trompé la population et le Cabinet conservateur rétablissait les faits. Mais cette soudaine honnêteté s'arrêtait là. Dans l'affaire des essais du nouveau missile de croisière avancé (ACM), le gouvernement Mulroney ne devait pas faire preuve de plus de clairvoyance que l'ancienne administration. Entre 1987 et 1989, malgré les informations publiées dans les journaux et les documents obtenus par certains groupes pacifistes, le ministre de la Défense nationale, Perrin Beatty, niait constamment avoir reçu des Américains une «requête» pour l'essai des ACM. Pris au pied de la lettre, c'était vrai, mais ce n'était pas ce que voulaient savoir l'Opposition et les gens qui s'intéressaient aux problèmes de défense. Le gouvernement négociait bel et bien avec Washington et attendait le moment propice pour annoncer un nouvel accord.

C'est dans une capitale désertée par les députés et les journalistes que le Cabinet prit la décision, le 1er février 1989, d'autoriser les essais du missile de croisière avancé. Pour répondre aux quelques critiques qui s'élevèrent contre l'attitude gouvernementale, le ministère de la Défense nationale, aidé par les hauts fonctionnaires des Affaires extérieures, publia une brochure documentaire sur les essais du missile et la politique de sécurité du Canada. On y retrouvait tous les arguments invoqués par Pierre Elliott Trudeau concernant les responsabilités du pays envers l'OTAN, ceux de Joe Clark pour appuyer la modernisation de la force de dissuasion américaine basée en Amérique du Nord liée à la politique de dissuasion de l'OTAN et un dernier, fort révélateur, sur les intérêts canadiens pour les essais.

On pouvait lire dans ce document que le Canada avait consenti aux essais pour «donner aux Forces canadiennes de NORAD [CF-18] un exercice pratique de détection et d'interception et aux Forces maritimes canadiennes [Aurora] un exercice de détection[7]». C'était la première fois qu'on énonçait clairement les intérêts militaires du Canada dans ces essais. Dans l'accord CANUSTEP de 1983, qui chapeaute tous les essais militaires américains, on faisait mention du partage de certaines données entre les deux pays mais des documents rendus publics par le journal *The Gazette* en 1984 révélèrent la méfiance des Américains à cet égard. Ce nouvel élément dans l'accord de février 1989 constituait un geste de bonne volonté envers Ottawa. C'est que les missiles de croisière ont pris au fil des ans une importance de plus en plus grande dans la stratégie nucléaire américaine. Actuellement les missiles de croisière air-sol (ALCM) du type de ceux qui sont testés au Canada et mer-sol (SLCM), lancés de navires de surface ou de sous-marins, font l'objet de négociations entre Washington et Moscou dans le cadre des négociations sur la réduction des armes stratégiques (START). Les missiles sol-sol (GLCM) ont été éliminés avec le traité de 1987 sur les euromissiles. En mars 1991, les deux superpuissances ne se sont toujours pas entendues sur leur nombre. On parle même de les exclure de la présente négociation START. Les missiles de croisière sont les armes de l'avenir et le développement de nouveaux prototypes, plus furtifs, plus supersoniques, s'accélère des deux côtés. Les Américains ont donc besoin du territoire canadien, car c'est en partie au-dessus de ce territoire que ces missiles voleront si un conflit éclate entre les États-Unis et l'Union soviétique.

Chapitre 10

Des sous-marins en perdition

Le programme des sous-marins à propulsion nucléaire constituait la pièce maîtresse du Livre blanc sur la défense de 1987 et son promoteur, le ministre Perrin Beatty, exultait lorsqu'il l'annonça en conférence de presse le 5 juin 1987. Rien n'avait été ménagé pour faire de cette annonce un jour historique pour la Défense nationale. Les journalistes avaient été enfermés dans une salle, tant à Ottawa qu'à Montréal et dans d'autres villes canadiennes, pour lire à l'avance le précieux document. Des militaires de tous les services étaient présents, prêts à répondre à toutes les questions, même les plus moqueuses. Le moral était à son plus haut et aucun sarcasme n'allait entamer la bonne humeur des militaires qui attendaient cet événement depuis plus de vingt ans.

Perrin Beatty avait tout pour fouetter l'énergie des militaires et rétablir leur confiance envers les politiciens qui n'avaient jamais accordé d'attention aux problèmes de défense. Ministre à vingt-sept ans dans l'éphémère Cabinet conservateur de Joe Clark en 1979, il avait montré sa détermination et ses qualités de fonceur dans les deux ministères que Brian Mulroney lui avait confiés depuis 1984: le Revenu national et la Justice. Ce travailleur acharné avait, à trente-six ans, les nerfs assez solides pour devenir le plus jeune ministre de la Défense de l'histoire du pays et défendre un programme militaire qu'on qualifia un peu rapidement de plan machiavélique pour faire durer la guerre froide.

Beatty prenait en charge un ministère en plein désarroi. Il était le quatrième ministre à accéder à la Défense nationale en moins de deux ans et ses prédécesseurs avaient laissé les lieux en piteux état. Robert Coates, le premier ministre de la Défense de Brian Mulroney, avait dû abandonner ses fonctions après s'être empêtré dans les voiles d'une danseuse dans un club ouest-allemand. Représentant de l'aile droite du Parti conservateur, il entretenait des liens avec des régimes politiques d'extrême droite, ce qui mettait Brian Mulroney dans l'embarras. Cette affaire tombait à pic pour s'en débarrasser. Joe Clark lui succéda pendant un mois pour assurer l'intérim. Le premier ministre nomma alors un vieil allié, Erik Nielsen, qui ne devait assumer sa charge que pendant dix-huit mois. Comme il cumulait aussi les fonctions de vice-premier ministre, son mandat fut mobilisé par des considérations de politique intérieure. Finalement, Erik Nielsen fut lui aussi victime d'un scandale politique. Le 30 juin 1986, le premier ministre nomma Perrin Beatty à la Défense et Erik Nielsen décida de prendre sa retraite et de retourner dans son Yukon natal.

*

Ce n'était pas la première fois que le Canada pensait à acquérir des sous-marins à propulsion nucléaire pour moderniser sa marine. Dès la fin des années cinquante, les planificateurs de la Défense nationale recommandaient l'achat de ces submersibles. Cette option fut toutefois écartée, mais on la retrouve dans le livre blanc sur la Défense que le gouvernement libéral de Lester B. Pearson publia en 1964.

Dans les premières années de la décennie quatre-vingt, le gouvernement autorise le ministère à entreprendre des études sur un nouveau programme pour remplacer les vieux sous-marins à propulsion conventionnelle. On parle bien de l'option nucléaire mais l'idée sombre lorsque, le 16 juillet 1986, Perrin Beatty annonce le lancement d'un programme pour acquérir des sous-marins conventionnels (CASAP). Le ministre justifie son geste par l'état lamentable de la flotte, le développement de nouvelles technologies et la nécessité de défendre la souveraineté du pays. Dans une brochure accompagnant la déclaration ministérielle, les experts de la Défense nationale soulignent que ces nouveaux sous-marins, «si leur configuration le permettait, pourraient aussi fournir, dans l'Arctique, un potentiel sous-marin d'une valeur certaine du point de vue militaire[1]». Un an plus tard, le ministre change diamétralement de cap et annonce que le gouvernement favorise l'option nucléaire.

Perrin Beatty et les artisans de la nouvelle politique de défense justifient l'achat des sous-marins à propulsion nucléaire par des raisons militaires et politiques. Le livre blanc brosse un tableau agressif de la puissance militaire soviétique, particulièrement dans le domaine naval. La marine soviétique s'étend maintenant à toutes les régions du globe et menace le Canada grâce à ses missiles balistiques et à ses nouveaux missiles de croisière, deux types d'armes pouvant être lancées par des sous-marins ou des navires de surface. On peut lire dans le livre blanc que les missiles balistiques «lancés du grand large, soit dans l'Atlantique, depuis des positions se trouvant aussi au nord que la mer du Labrador, soit dans le Pacifique, [...] pourraient atteindre n'importe quel objectif militaire ou industriel, au Canada comme aux États-Unis», et que les missiles de croisière sont tout aussi redoutables: «Il serait en outre possible que des sous-marins soviétiques empruntent les eaux canadiennes de l'Arctique comme route de rechange pour passer de l'Arctique à l'Atlantique, où ils iraient prendre des positions de tir de missiles de croisière plus au sud ou mener des opérations à caractère classique contre les navires présentant un intérêt vital pour les pays alliés[2].» La menace est donc bien tangible pour la Défense nationale qui désire moderniser la marine pour qu'elle puisse effectuer des opérations de surveillance et de contrôle dans les trois océans qui baignent le Canada sans que les sous-marins aient à passer par le canal de Panama. «Par leur seule présence, les sous-marins à propulsion nucléaire peuvent empêcher un adversaire d'utiliser les zones maritimes où ils se trouvent. Ils constituent aujourd'hui, et pour un avenir prévisible, le seul moyen éprouvé de mener des opérations prolongées sous les glaces», lit-on dans le livre blanc[3]. Non seulement les sous-marins protégeraient les eaux territoriales canadiennes et le continent nord-américain, mais en plus ils s'acquitteraient des engagements traditionnels du Canada envers l'OTAN, c'est-à-dire la protection des convois de navires militaires et de navires marchands dans l'Atlantique Nord et la surveillance du flanc nord de l'Alliance.

En plus de leurs performances militaires, les sous-marins assumeraient une autre fonction: assurer la souveraineté du Canada, surtout dans les eaux arctiques. Cette souveraineté peut être violée par l'intrusion de n'importe quels navires étrangers dans l'Arctique, ce qui a été le cas avec les navires et sous-marins... américains et non soviétiques. Le livre blanc montre les dents: «La capacité de bien surveiller ce qui se passe dans les zones ressortissant au Canada, que ce soit sur terre, dans les airs ou en mer, y compris sous les glaces, est une expression importante de notre souveraineté. Mais la simple surveillance ne suffit pas. Pour exercer un contrôle efficace, il faut aussi être en mesure de réagir avec force aux intrusions[4].» L'avertissement est clair mais Perrin Beatty et tous les militaires qui défilent devant les caméras de télévision ou témoignent devant les députés du Comité permanent du Parlement sur la défense nationale ne vont pas jusqu'à dire que les sous-marins canadiens auraient pour fonction de torpiller les sous-marins alliés, même intrus.

Tout au long des deux ans que dura le débat sur les sous-marins, la protection de la souveraineté canadienne dans l'Arctique demeura la première justification, du moins pour les politiciens, à l'achat des submersibles au détriment de leurs fonctions strictement militaires. La défense de cette souveraineté était devenue le leitmotiv d'un gouvernement accusé de la brader au cours des négociations canado-américaines sur le libre-échange. Il est vrai que les Américains facilitaient aux politiciens canadiens les exercices de rhétorique sur la défense de l'Arctique. Comme on l'a vu plus haut, Washington ne s'était pas gêné pour violer les eaux arctiques et, malgré un accord sur le transit des brise-glace, refusait de reconnaître la souveraineté du Canada sur ces eaux. Mais si la campagne des politiciens occupait la une des journaux, les Canadiens commençaient à se poser de sérieuses questions sur les coûts de cette politique de protection de la souveraineté et les experts, tant civils que militaires, remettaient en cause un programme qui engageait le pays dans une filière nucléaire qui répugnait à la grande majorité des citoyens et qui soulevait de nombreux problèmes politiques et techniques.

Sur le plan financier et technique, le programme était colossal. Le gouvernement prévoyait dépenser environ 8 milliards de dollars pour l'acquisition de 10 à 12 sous-marins et la construction de l'infrastructure d'accueil. Le premier sous-marin serait livré en 1996, le dernier en 2014 et jusqu'en l'an 2040 on procéderait à leur démantèlement après une durée de vie d'environ trente ans. Les opposants au programme, et même certains militaires, critiquèrent durement le gouvernement en l'accusant de sous-estimer les coûts. Ils affirmaient que le programme coûterait le double sinon le triple du montant prévu et qu'il était impossible de savoir comment influeraient les principaux indices économiques, comme l'inflation, sur un programme s'étalant sur près de cinquante ans. Cela, sans compter la propension légendaire de l'industrie militaire à connaître un taux d'inflation supérieur à celui existant dans l'ensemble de l'économie.

Il y avait un autre obstacle, dont le gouvernement était conscient mais dont il ne voulait pas parler: la question des transferts de technologies. Deux propositions sérieuses se trouvaient sur la table de Perrin Beatty: le sous-marin français *Améthyste* et son homologue britannique, le *Trafalgar*. Dans le premier cas, le transfert de technologie ne posait pas de problème puisqu'il s'agissait de signer un accord bilatéral entre la France et le Canada. Mais dans le cas du sous-marin britannique, rien ne garantissait que le Canada obtiendrait la technologie la plus moderne puisqu'un troisième joueur s'interposait entre Londres et Ottawa: Washington. Un rapport du Comité permanent du Parlement sur la Défense nationale soulignait les problèmes. «Les États-Unis et la Grande-Bretagne sont liés depuis 1958 par une entente exigeant que le Congrès américain approuve le transfert vers un pays tiers, dont le Canada, de tout équipement, toute technologie ou tout combustible d'origine américaine employés dans le cadre du programme de construction de sous-marins britanniques. De plus, avant que la Grande-Bretagne ne puisse procéder à un transfert, le Canada et les États-Unis doivent, en vertu de la loi américaine régissant le contrôle des exportations d'armes, conclure une entente permettant le transfert direct des éléments susmentionnés. Pour ce faire, il faudrait modifier l'Accord canado-américain de coopération sur l'utilisation de l'énergie atomique aux fins de défense mutuelle, lequel a été signé en 1959[5].»

Lors d'un sommet entre Brian Mulroney et le président Ronald Reagan, le 27 avril 1988, Ronald Reagan donna son aval pour que le Congrès entame le processus de modification de l'Accord et autorise le transfert. Le Pentagone, comme dans l'affaire des missiles de croisière, ne l'entendait pas ainsi. L'idée que les Américains puissent être responsables d'un éventuel accident nucléaire répugnait à la marine américaine qui n'appréciait pas du tout, non plus, de voir les Canadiens entretenir des velléités de jouer dans les grandes ligues et de s'opposer à ses petites incursions dans l'Arctique canadien. Enfin, les militaires américains auraient bien voulu que les Canadiens consacrent leur argent au financement d'autres programmes militaires qu'ils estimaient plus importants pour le Canada compte tenu de ses faibles ressources financières. Cette opposition était si forte que *Le Devoir* du 20 juillet 1988 publiait une information à l'effet que le Canada était prêt à prendre une décision sur l'acquisition des sous-marins mais ne pouvait le faire à cause du refus du Pentagone d'accorder au Canada le droit d'obtenir la modernisation de la technologie transférée par les Britanniques. Cette information fut confirmée le 26 octobre suivant lorsque le ministre associé de la Défense, Paul Dick, déclara lors d'une conférence à Ottawa que les Américains demeuraient le seul obstacle au règlement de la question. Les Français semblaient donc en voie de l'emporter sur les Britanniques, mais à cause des élections du 21 novembre 1988, on reporta la décision finale au printemps 1989.

*

De nombreuses questions peuvent être soulevées sur le sérieux de l'argument principal des politiciens conservateurs pour justifier le programme d'achat de sous-marins à propulsion nucléaire: la défense de la souveraineté du Canada dans l'Arctique. Politiquement, les Canadiens trouvaient qu'ils payaient cher pour pouvoir montrer leur drapeau dans les glaces arctiques. De plus, les déclarations des militaires laissaient songeur sur le rôle exact des sous-marins dans cette région. Donald Keer, un expert de la lutte anti-sous-marine à l'Institut d'études stratégiques de Londres, déclarait au *Globe and Mail,* le 5 juin 1987, que le programme des sous-marins n'avait rien de militaire et était entièrement politique. Le directeur du *Jane's Fighting Ships,* John Moore, renchérissait en déclarant qu'on ne défendait pas la souveraineté avec de tels engins. «Vous ne brandissez pas le drapeau avec un sous-marin nucléaire. L'objectif central d'un tel sous-marin d'attaque, c'est de passer inaperçu aux yeux des autres et non d'accrocher une feuille d'érable à son périscope.» Perrin Beatty et les militaires canadiens devaient leur donner raison et démolir eux-mêmes le beau mythe de la souveraineté dans l'Arctique. Le 7 mars 1988, dans une intervention devant les membres du Comité permanent du Parlement sur la défense nationale, Perrin Beatty déclarait que «même si l'Arctique n'existait pas, le Canada aurait intérêt à faire l'acquisition de sous-marins à propulsion nucléaire pour assurer sa propre défense et pour remplir ses responsabilités dans le cadre de l'OTAN et des accords canado-américains[6]». Le plan de déploiement des sous-marins dans les trois océans devait confirmer l'importance stratégique secondaire de l'Arctique. Sur les 10 à 12 sous-marins, 5 ou 6 seraient déployés dans l'Atlantique, 3 ou 4 dans le Pacifique et 1 ou 2 dans l'Arctique.

Qu'est-ce qui avait donc changé par rapport au programme CASAP d'acquisition de sous-marins conventionnels qui auraient pu patrouiller l'Arctique? Le contre-amiral Charles Thomas donna l'explication le 2 février 1988 devant les députés du Comité de la Chambre sur la défense nationale[7]. Ce programme visait à analyser les possibilités de développement d'un sous-marin à propulsion hybride, mi-conventionnel, mi-nucléaire, qui aurait patrouillé l'Arctique à moindre coût. Après analyse, les militaires avaient opté pour les sous-marins à propulsion nucléaire. Ce choix était honnête et répondait aux ambitions de Perrin Beatty et des conservateurs qui cherchaient un symbole puissant pour affirmer la souveraineté du Canada au moment des négociations canado-américaines sur le libre-échange. Après la signature de l'accord, le 1er janvier 1989, ce symbole devenait moins important. Un problème plus concret devait terrasser le programme des sous-marins: le déficit.

Le livre blanc était à peine sorti des presses que le gouvernement commençait à modifier son discours sur la fermeté de ses engagements financiers en ce qui concernait la Défense nationale. Dès la fin de 1987, Perrin Beatty parlait de modifier les programmes d'acquisition à cause «de changements dans divers domaines (la limitation des armements, par exemple), changements qui risquent d'influer profondément sur notre programme d'achat[8]». L'année suivante, des considérations tant économiques que politiques émaillaient les discours et déclarations ministérielles sur le budget militaire. Non seulement le déficit était devenu une priorité, mais les conservateurs ne voulaient pas discuter de programmes militaires alors qu'une élection générale approchait et que la détente Est-Ouest portait ses fruits. En juin 1988, il devenait de plus en plus évident que les sous-marins étaient un morceau que le Cabinet conservateur ne voulait plus avaler. Le 24 août, le ministre associé de la Défense, Paul Dick, confirma que la décision était encore reportée. Pendant la campagne électorale, le premier ministre refusa un débat avec les deux chefs des partis d'opposition sur les questions de défense. Après les élections de novembre, les événements s'enchaînèrent. Le 30 janvier 1989, Perrin Beatty fut remplacé par William McKnight et le premier ministre mit sur pied un comité de huit ministres pour revoir les dépenses fédérales. Le 27 avril, le gouvernement annonça l'annulation du programme des sous-marins.

Pour la plupart des militaires, experts et hauts fonctionnaires interrogés, le gouvernement n'a jamais vraiment pris au sérieux la nouvelle politique de défense et surtout le programme des sous-marins. «Cela n'avait tout simplement aucun sens, déclare un officier supérieur. Le gouvernement avait jeté de la poudre aux yeux des militaires et l'armée rêvait de ce nouveau matériel qu'elle attendait depuis si longtemps, particulièrement les sous-marins. Pourtant, la section des finances du ministère de la Défense nationale avait averti l'état-major que les chiffres, eux, ne mentaient pas et que les lendemains ne chanteraient pas.» Mais plus qu'une simple défaite dans un combat perpétuel pour obtenir des ressources à la hauteur des exigences du gouvernement, l'annulation du programme des sous-marins constituait la dernière d'une longue série de négligences politiques et de décisions militaires mal analysées, mal expliquées et mal vendues. Ce nouveau recul s'ajoutait à la controverse sur l'unification des forces armées, aux maigres années du gouvernement Trudeau, au débat tordu sur les essais du missile de croisière et aux promesses mirifiques jamais tenues des conservateurs. Aujourd'hui, les militaires et de nombreux experts ne parlent pas seulement d'un accident de parcours, mais de trahison, tant intellectuelle que politique, contre la politique de défense et de sécurité du pays.

Chapitre 11

La trahison

Lorsque Brian Mulroney s'adresse aux habitants de Newcastle, au Nouveau-Brunswick, le 1er août 1984, il ne peut imaginer que les promesses qu'il s'empresse de faire et qu'il ne pourra tenir provoqueront cinq ans plus tard un profond ressentiment chez les militaires et chez de nombreux civils. Le chef du Parti conservateur a le vent dans les voiles: pour la première fois depuis vingt-cinq ans, son parti semble assuré de rafler une majorité absolue au Parlement. Les promesses sont donc d'usage et fuseront constamment jusqu'à la fin de la campagne électorale. Les habitants de Newcastle sont furieux de la décision du gouvernement libéral de fermer la base aérienne de Chatham et le chef conservateur veut en profiter pour dénoncer l'incurie des libéraux en matière de défense. Brian Mulroney jure de ne pas fermer la base, engagement qu'il tiendra, et livre au public canadien médusé ses promesses pour les militaires. L'aspirant premier ministre promet d'augmenter de 10 % le nombre de militaires dans les forces armées, de leur fournir de nouveaux uniformes, de moderniser l'équipement «désuet» et de rétablir la réputation du Canada auprès de l'OTAN. Il stigmatise l'attitude de Pierre Elliott Trudeau envers l'armée et annonce la tenue d'une commission d'étude sur la politique de défense du pays, qui a «consisté avec les libéraux à faire deux pas en avant et cinq en arrière, au petit bonheur la chance», ironise Mulroney[1]. Une semaine auparavant, le critique conservateur en matière de défense et futur ministre, Harvie Andre, a été plus clair. Il a parlé d'augmenter le budget de la Défense de 6 % par an après inflation, le double de ce qu'accordait le gouvernement libéral. La fièvre était telle chez les militaires que même le critique néo-démocrate en la matière, Terry Sargeant, n'osa avancer l'idée de sabrer dans la Défense.

*

Pierre Elliott Trudeau n'aimait pas les militaires, sauf lorsqu'il en avait besoin comme en 1970, lors de la crise d'octobre. Mais a-t-il négligé la Défense? Ce n'est pas aussi sûr qu'aiment bien le prétendre les activistes les plus pro-défense de ce pays. Lorsqu'il arrive au pouvoir, en 1968, les Forces armées ont perdu 20 000 soldats par rapport à 1964, où leur nombre avait atteint le record de 124 000 en temps de paix. Le budget militaire stagne depuis dix ans autour de 1,7 milliard de dollars par an. En tenant compte des effets de l'inflation, cela signifie que le budget militaire baisse continuellement. Le nouveau premier ministre ne s'occupe pas du problème. En fait, il voudrait bien le noyer et si possible le faire disparaître en demandant au gouvernement de réviser toute la politique extérieure canadienne, défense comprise. Il espère que cet exercice, entamé en 1969, aboutira entre autres à des réductions d'effectifs des Forces armées et à la fin de la présence militaire canadienne en Europe. Deux ans plus tard, le gouvernement accouche d'une nouvelle politique qui ne change rien aux grandes orientations fondamentales de la politique étrangère du pays mais qui accorde sa bénédiction à Pierre Elliott Trudeau pour réduire le contingent en Europe. Les Forces armées perdent encore 20 000 soldats et le budget décline jusqu'en 1973. Puis, à partir de l'année suivante et pendant dix ans, le budget militaire augmente rapidement. Ainsi, entre 1974 et 1980, le gouvernement accorde à la Défense nationale

500 millions de dollars de plus par an et, entre 1981 et 1985, elle reçoit un milliard de dollars de plus chaque année. Ce sont les plus importantes augmentations depuis la guerre de Corée en 1950-1953.

D'où vient donc alors cette impression de négligence tant décriée par les conservateurs et les activistes pro-défense? Pendant les neuf premières années du mandat de Pierre Elliott Trudeau, les ressources du budget militaire sont principalement destinées aux dépenses d'entretien et de salaires. Les dépenses en capital, consacrées à l'acquisition de matériel et à la recherche-développement, stagnent autour de 8 à 14 % chaque année. Les alliés de l'OTAN, eux, y consacrent entre 20 et 25 % de leur budget. Au Canada, ce taux a été atteint au début des années soixante pour rapidement diminuer. Il s'ensuit un déclin qualitatif du matériel, qui commence même dans certains cas à rouiller. Le porte-avions *Bonaventure* est vendu, les chasseurs CF-101 s'écrasent, les effectifs de la marine tant en hommes qu'en navires sont réduits, et les jeunes recrues de l'armée de terre s'entraînent avec des fusils en bois.

C'est vers la fin de l'ère Trudeau que sont lancés les grands programmes d'acquisition d'équipement militaire (CF-18, frégates, chars d'assaut) et que la part du budget consacrée aux dépenses en capital est augmentée (plus de 20 % à partir de 1981). Comme la plupart des programmes d'achat et de modernisation n'aboutissent pas avant cinq et dix ans, le gouvernement libéral n'en tire aucun bénéfice politique et l'opposition peut continuer à dénoncer l'état pitoyable des Forces armées.

Le nouveau gouvernement conservateur affirme vouloir changer tout cela. Mais les premiers budgets ne s'annoncent pas prometteurs pour le ministère de la Défense nationale qui voit ses ressources augmentées d'à peine 500 millions par an, ce qui ne correspond pas au 3 % après inflation qu'avait respecté Pierre Elliott Trudeau pendant les dernières années de son régime. On est loin du 6 % promis. Le nombre de soldat passe de 82 000 en 1984 à 84 500 en 1986. Puis, coup de tonnerre, après deux ans de consultations et d'hésitations, le gouvernement publie le 5 juin 1987 sa nouvelle politique de défense. C'est le Klondike pour les militaires et on leur demande d'y croire.

Dans son livre blanc, le gouvernement trace un sombre portrait de l'état matériel des Forces armées et propose d'y remédier grâce à un plan de quinze ans assorti d'un financement adéquat. «Il est possible de rattraper le retard consécutif à des décennies d'abandon mais, pour ce faire, il faut adopter une solution à long terme: un programme de financement constant, prévisible et honnête, qui s'appuie sur une direction politique conséquente et cohérente», peut-on lire dans le document[2]. Cette formule prévoit «un plan de financement portant sur une période de cinq années consécutives et qui viendra s'inscrire dans un cadre de planification couvrant quinze années. À la suite de sa révision annuelle par le Cabinet, ce plan donnera lieu, chaque automne, à l'établissement de budgets fixes pour les cinq années qui suivront et à la formulation de directives d'orientation pour les dix années subséquentes. Le gouvernement s'est engagé à faire en sorte que le taux de croissance réelle de base du budget de la défense, après rajustement pour tenir compte de l'inflation, soit d'au moins 2 % par année, et ce pour les quinze années qu'englobe la période de planification visée. Certaines années, il faudra dépasser le niveau de financement fixé, afin de mettre en œuvre des grands projets prévus dans le présent livre blanc[3].»

Pendant la conférence de presse du 5 juin, Perrin Beatty estime que la Défense nationale aura besoin d'au moins 183 milliards de dollars au cours des quinze années suivantes pour financer ses activités. Satisfait, il demande alors à l'état-major d'aller prêcher la bonne nouvelle auprès des troupes dont le moral est plutôt bas, comme il a pu le constater lors de tournées dans les bases militaires. Touché par le franc-parler de la troupe, le ministre a consigné dans le livre blanc ce que les soldats estiment prioritaire: «une attitude honnête, autrement dit l'aveu que les Forces canadiennes doivent faire face à de graves problèmes qui ne pourront pas être réglés du jour au lendemain; un mandat réaliste et adapté à la conjoncture moderne, c'est-à-dire un énoncé clair de ce que le gouvernement attend d'eux; les ressources voulues pour mener à bien leur mandat, et l'appui moral sans équivoque des Canadiens pour la mission qu'ils accomplissent au nom du Canada, ce qui revêt peut-être le plus d'importance pour eux[4].» Le budget d'avril 1989 constituera la dure réponse du gouvernement à ces naïves espérances. Les Forces armées n'obtiendront ni une attitude honnête ni un appui moral de la part du gouvernement. Quant aux ressources, elles partiront en fumée.

Dès le début de 1988, de nombreux militaires et la plupart des experts en défense mettent en doute la capacité du gouvernement à tenir ses engagements financiers. Certains analystes prévoient que le gouvernement aurait besoin d'une somme de 50 milliards de dollars de plus que ce qu'il avait déjà prévu dans le livre blanc. Le ministre des Finances confirmera leurs appréhensions en dévoilant un plan de réduction du budget militaire pour les cinq années suivantes. En 1988, le budget de la Défense passe à 11,2 milliards (10,3 milliards en 1987), puis à 11,3 milliards en 1989, pour monter à 11,9 milliards en 1990. Le budget d'avril 1989 confirme que la Défense nationale perdra au cours des cinq années suivantes 2,7 milliards de dollars par rapport au plan de Perrin Beatty. Sur la période de quinze ans définie dans le livre blanc, les réductions totaliseront 22 milliards de dollars. Le plan de modernisation du gouvernement sombre corps et âme. Lorsque Perrin Beatty a dévoilé son livre blanc, il a estimé que le budget de la Défense, en tenant compte de l'inflation, coûterait 154 milliards de dollars sur quinze ans. Il y a rajouté une somme ferme de 29 milliards de dollars destinée à de nouveaux programmes, pour en arriver à un total de 183 milliards. Les réductions annoncées par le ministre Wilson ramènent les 29 milliards supplémentaires à un pauvre 7 milliards. Pour sauver une partie du programme d'acquisition de matériel, le ministre de la Défense accepte de fermer sept bases militaires et de réduire les activités dans sept autres. Cela représente une économie de 3,3 milliards en quinze ans. Mais le programme d'équipement subit quand même de sévères coupures et plusieurs projets sont tout simplement annulés. La base de Chatham restera ouverte, l'honneur de Brian Mulroney est sauf.

Les militaires sont indignés mais pourtant aucun officier supérieur ne démissionne, comme cela a été le cas lors de l'unification des forces dans les années soixante ou des réductions draconiennes de Pierre Elliott Trudeau au début des années soixante-dix. En fait, l'armée a réussi à préserver, mais pour combien de temps encore, la part du budget consacrée aux acquisitions de matériel et qui depuis quelques années tourne autour de 24 % du budget total du ministère de la Défense. On a vu plus haut que ce budget d'acquisition n'avait pas dépassé 14 % pendant plusieurs années. Ce qui choque le plus les militaires, c'est d'avoir dû faire une tournée pour vendre un programme militaire dont ils savaient pertinemment qu'il n'avait aucun sens. Ils ont arpenté le pays pendant deux ans, pour annoncer la bonne nouvelle avec l'appui moral, pensaient-ils, du ministre et du gouvernement. L'humiliation subie en avril 1989 est encore durement ressentie aujourd'hui. «Mulroney et Beatty ont créé tellement d'attentes avec ce livre blanc que je ne suis pas surpris du sentiment d'humiliation de certains militaires, confie un haut fonctionnaire des Affaires étrangères qui travaille sur les questions de défense. Franchement, ce livre blanc était mort dès sa publication, tout simplement parce que son financement n'avait aucun sens.»

*

Si le simple militaire hausse les épaules devant cette manipulation politique, il n'en est pas de même des officiers de haut niveau. Majors, colonels et généraux parlent abondamment même s'ils le font discrètement. «Je me souviens très bien de mes premières rencontres avec des soldats, déclare un général. Un jour, j'avais demandé au directeur d'une base de rassembler tous les militaires à qui je voulais exposer la nouvelle politique du gouvernement. Ils étaient tous là et m'écoutaient dans un grand silence. Ça ne devait pas durer. J'avais à peine terminé mon discours que j'entendais ricanements et bruits de chaises. Après la réunion, les soldats furent nombreux à venir me dire qu'ils étaient heureux des promesses du livre blanc mais qu'ils n'y croyaient absolument pas. J'ai poursuivi mes conférences dans tout le Canada jusqu'au budget de 1989. Maintenant, on ne m'y reprendra plus.» Pour vendre son livre blanc, Perrin Beatty créa un Service de conférenciers ayant mission de sillonner le pays pour susciter de l'intérêt et pour répondre aux demandes d'information émanant des groupes et des citoyens. Il va sans dire que les conférenciers ne chômèrent pas, affrontant souvent des salles hostiles ou s'adressant à des publics conquis d'avance. Aujourd'hui, ce service est moribond même si le gouvernement jure que les grandes lignes de sa politique de défense n'ont pas changé depuis avril 1989.

Un colonel dont les opinions reflètent bien l'amertume de nombreux militaires déclare: «La publication du livre blanc de 1987 et sa mort virtuelle deux ans plus tard sont certainement l'opération de trahison la plus spectaculaire que les Forces armées aient subie depuis quarante ans. C'est inconcevable que pendant deux ans nous ayons vendu un tel énoncé de politique et qu'ensuite le gouvernement annonce un virage à 180 degrés. Je ne peux pas croire un seul

instant que les politiciens ne savaient pas ce qu'ils faisaient.»
Pour cet officier comme pour beaucoup d'autres, il ne faudrait pas sous-estimer les conséquences d'un tel revirement sur le fonctionnement de l'armée: réduction du nombre d'inscriptions dans les collèges militaires, diminution de la qualité des recrues, entraînement déficient, etc. Mais plus encore, l'élargissement croissant du fossé entre militaires et civils, entre l'armée et le gouvernement ne peut qu'être aggravé. «Comment pourrons-nous encore croire ce que nous dira le ministre de la Défense? demande ce colonel. Je pense que le gouvernement n'a pas respecté le code tacite avec l'armée, qui est que celle-ci exécute les ordres et respecte le système politique et en retour reçoit ce même respect.»

Joel Sokolsky partage l'amertume des militaires. Professeur au Collège militaire royal de Kingston, il est un des rares intellectuels de la défense qui soit écouté par un large public et jouit du respect tant des militaires que des civils. Il estime que l'échec du livre blanc de 1987 est le résultat d'une série d'erreurs politiques au plus haut niveau. «D'abord, ce qui surprend, c'est la facilité avec laquelle Brian Mulroney et son Cabinet ont accepté un tel énoncé de politique sans prendre garde aux coûts malgré les avertissements du ministre des Finances, dit-il. Puis, deux ans plus tard, le premier ministre, seul cette fois, décide de tout lâcher et de saborder cette politique[5].» Joel Sokolsky pense que le gouvernement conservateur a raté une bonne occasion de refaire un consensus minimum sur la défense et la sécurité du Canada. «En 1985-1986, il existait un consensus dans ce pays sur la nécessité de faire plus pour la défense. La campagne électorale de 1984 le démontre bien. Ce consensus se reflétait dans les grandes lignes d'un livre blanc très nationaliste — défense de la souveraineté et importance de l'Arctique — malgré les tirades antisoviétiques. Mais le gouvernement fut incapable de tirer profit de ce nationalisme pourtant très populaire.»

Les incessants changements de cap de la politique de défense, le désintérêt de la classe politique et la bureaucratisation croissante de la Défense nationale posent un problème majeur à l'armée. Celle-ci a abandonné toute prétention à réfléchir à la défense et à la sécurité du pays pour consacrer son énergie à vendre et à défendre une «liste d'épicerie», choix qui lui est reproché tant par les pacifistes que par les experts. «La politique de défense de ce pays se résume à un énoncé sur l'achat d'équipement, déclare un général membre de l'état-major. Entre 1971 et 1987, lorsque vous demandiez à qui que ce soit au sein de la Défense nationale ce qu'était la politique de défense du pays, il vous répondait candidement: 138 chasseurs CF-18, 12 frégates, des fusils, des camions, etc. C'était l'atmosphère qui régnait et cela n'est pas prêt de changer.» Il est difficile de reprocher aux militaires de penser uniquement en fonction de l'équipement alors que depuis vingt ans la classe politique est incapable de produire un exposé de défense qu'elle puisse respecter pendant quelques années.

TROISIÈME PARTIE

Une alliance inévitable

Chapitre 12

Sous la terre à North Bay

La conductrice de l'autobus militaire me regarde d'un air absent. «Je suis le journaliste invité par le commandant de la base de North Bay. On m'a dit de venir ici et de monter dans l'autobus», lui dis-je. Elle consulte ses papiers. «Je n'ai pas votre nom sur la liste. Mais vous êtes là. Allez-y, asseyez-vous.» Cinq autres personnes, des militaires, montent à bord de l'autobus, en fait une camionnette d'une dizaine de places pas très confortable, et nous quittons Ottawa pour la base aérienne de North Bay, quartier général de la région canadienne de NORAD, l'organisation canado-américaine chargée de la défense aérospatiale du continent nord-américain depuis 1958.

Le voyage est long, quatre heures, mais le splendide paysage de la forêt et des montagnes laurentiennes en cette fin de septembre 1990 fait passer le temps plus vite. Je m'étais imaginé autre chose. North Bay, cela semblait loin et glacial. Une bourgade, peut-être une ville, entourée de conifères et de roches, et reliée aux grands centres par des routes ennuyeuses et mornes. C'est tout à fait différent. Un paysage accidenté, peuplé d'arbres magnifiques et de lacs sombres et mystérieux, détourne mon attention des documents que je voulais lire. North Bay est une ville prospère, avec de beaux quartiers remplis de vieilles maisons et un lac qui attire les vacanciers de toute l'Ontario et même du Québec. La base militaire, dont les activités font vivre la ville, est située légèrement en retrait de North Bay. C'est là que je commence, accompagné d'un officier des relations publiques, mon périple sous la terre.

La base de North Bay ressemble à toutes les bases militaires canadiennes: les mêmes triplex destinés aux soldats et aux officiers; les mêmes mess; les mêmes édifices à bureaux; les mêmes hangars pour les avions et le matériel; les mêmes rues bien droites et les mêmes gazons bien taillés. Bref, un décor moche qui contraste avec le paysage. Ce qui distingue North Bay des autres bases, c'est ce qu'on trouve en dessous, dans les entrailles du roc, là où se cache le quartier général du commandement canadien de NORAD. À 200 mètres sous la terre, un édifice de trois étages abrite toutes les activités canadiennes liées à la défense aérienne du pays et du continent nord-américain.

Pour accéder au bâtiment souterrain, nous devons d'abord franchir une imposante grille devant laquelle un homme de la police militaire nous demande de nous identifier. Puis, notre voiture s'engage sur une très petite route qui aboutit à l'entrée sud du complexe. Après avoir reçu le feu vert, la voiture parcourt un étroit tunnel de deux kilomètres de long, taillé dans le roc, qui s'enfonce lentement sous le sol. Quelques minutes plus tard, nous arrivons aux portes du quartier général. Des militaires sont à l'extérieur, bavardant, mais surtout fumant. La réglementation fédérale anti-tabac s'applique même dans une installation militaire de cette importance.

Ce bâtiment est, avec le quartier général de cette organisation situé dans les montagnes Cheyenne de Colorado Springs, la seule installation de NORAD située sous terre. Lorsque, en 1958, le Canada et les États-Unis ont conjugué leurs efforts pour assurer la défense aérienne du continent, ils ont fondé NORAD et décidé de construire plusieurs centres pour les activités de l'organisation. North Bay fut choisie pour accueillir les activités canadiennes. Plusieurs critères ont conduit au choix de cet emplacement: une base militaire déjà en opération; un lac pour fournir une grande quantité d'eau fraîche; des routes et des chemins de fer en bon état; et enfin, un site rocheux stable. Les travaux de construction ont commencé en 1959 et ont duré dix-huit mois. Quelque 228 000 mètres cubes de roche ont été excavés pour faire place à un bâtiment de trois étages d'environ 134 000 pieds carrés. Selon les plans, si une attaque a lieu, le complexe peut être complètement isolé de l'extérieur grâce à d'énormes portes blindées qui bloqueraient les entrées sud et nord. Ses habitants peuvent tenir plusieurs semaines grâce à une alimentation indépendante en eau, en air et en énergie et à un important stock de nourriture. Toutefois, le complexe ne peut plus comme autrefois résister à une attaque nucléaire. Les missiles nucléaires sont devenus si précis et si perfectionnés qu'un seul, bien ciblé, peut pulvériser le tout.

*

La vie sous terre n'est pas des plus exaltantes mais la plupart des 600 militaires qui travaillent dans ce complexe retournent à la surface après une journée régulière d'environ huit heures. Le complexe est bien aménagé, spacieux, mais ses corridors sont aussi déprimants que ceux d'un hôpital. La décoration des bureaux ressemble à celle de tous les bureaux de fonctionnaires à Ottawa ou ailleurs, sauf qu'il n'y a pas de fenêtres. Claustrophobes s'abstenir. La température des lieux est savamment contrôlée et la moindre odeur fait l'objet d'une enquête immédiate. Le feu et la fumée ne pardonnent pas dans un endroit aussi clos. Le complexe est équipé de tout: une cantine, une salle d'exercice, des chambres à coucher, des salles de conférence, etc.

Au premier étage du bâtiment se trouvent les salles de radars où une cinquantaine de contrôleurs des armes aériennes et de techniciens de la défense aérienne, tant canadiens qu'américains, scrutent les écrans à la recherche d'un avion qui violerait l'espace aérien canadien. La région canadienne de NORAD est divisée en deux: l'est et l'ouest. Chaque région dispose de sa salle de contrôle opérationnel, de ses équipements radars et de ses techniciens; le tout fonctionne vingt-quatre heures sur vingt-quatre et sept jours sur sept. Les techniciens qui travaillent dans ces salles assument des fonctions bien précises: surveillance aérienne, identification et, à l'occasion, contrôle de l'interception. Pour accomplir ce travail, ils comptent sur un énorme réseau terrestre de radars militaires qui ceinturent le territoire canadien et sur les informations que peuvent envoyer les radars civils des différents aéroports situés sur les côtes canadiennes. C'est donc dire que la surveillance est orientée vers l'extérieur et non vers l'intérieur. Si un avion décolle ou atterrit à Vancouver ou à Gander, les écrans radars de North Bay peuvent l'identifier. Si un avion quitte Winnipeg pour Edmonton, il reste invisible aux radars.

Dans la salle de contrôle de la région ouest œuvrent une trentaine de techniciens divisés en deux groupes. Les techniciens du premier groupe scrutent les écrans radars sur lesquels on peut apercevoir, sur fond noir, une carte de la région dont les contours sont colorés en vert. Chaque fois qu'un avion entre dans la zone de couverture d'un radar ou la quitte, un signal est émis et une petite flèche verte scintille sur l'écran. Les techniciens doivent déterminer si le signal émis représente un avion ou une fausse cible générée par le système radar. Ce processus est accompli électroniquement et peut se répéter des centaines de fois par heure pendant les périodes de pointe.

Lorsqu'un avion est détecté, l'information est acheminée aux techniciens du deuxième groupe chargés de l'identification. Ils disposent de deux minutes pour classer l'avion comme étant «ami» ou «inconnu». Ils sont aidés dans leur tâche par les informations sur le plan de vol des appareils que le ministère du Transport leur fournit, par les contacts radio avec les aéroports locaux ou avec l'avion en question et par les contacts avec le groupe aérien des marines canadienne et américaine pour déterminer si un de leurs avions ne se trouve pas dans la région. Si toutes ces démarches échouent, à l'expiration des deux minutes, l'officier d'identification déclare l'avion «inconnu». Il faut donc envoyer un chasseur CF-18 pour intercepter l'avion. Si cela est possible, un officier supérieur donnera l'ordre à la base de Cold Lake en Alberta d'envoyer un chasseur à la poursuite de l'avion. Dans la région Est, le chasseur partira de la base de Bagotville, au Québec.

Après son départ de la base aérienne, le chasseur CF-18 se trouve sous le contrôle d'un directeur d'armements du centre des opérations de la région Ouest ou Est de NORAD. Ce directeur dirigera les manœuvres d'interception en fournissant de l'information au pilote sur la position de la cible, son altitude, sa direction et sa vitesse. La mission du pilote sera contrôlée à partir du quartier général de NORAD jusqu'au moment où le pilote pourra détecter l'avion inconnu sur son radar de bord. Il s'en approchera alors pour pouvoir l'identifier visuellement. Si l'intrus a pénétré dans la zone d'identification de la défense aérienne du Canada, le pilote du CF-18 a pour mission de le forcer à atterrir à un point d'entrée reconnu, ce qui n'était pas le cas avant le 3 mai 1990, alors que le pilote avait pour instruction de raccompagner l'avion intrus en dehors de la zone aérienne canadienne. Ultimement, et après avoir reçu l'ordre approprié, le pilote pourra détruire tout avion récalcitrant.

Lorsqu'un événement d'envergure ou une situation d'urgence se présente, l'état-major canadien de NORAD peut se réunir dans une grande salle de contrôle qui ressemble beaucoup à celles que l'on voit dans certains films de guerre américains: trois immenses écrans électroniques y sont fixés au mur, transmettant des informations qui proviennent de toute l'Amérique du Nord. Une partie de ces informations provient du quartier général de NORAD à Colorado Springs. Dans la salle, plusieurs rangées de tables avec téléphones, ordinateurs et écrans radars accueillent le personnel spécialisé. Une table est réservée au commandant canadien de NORAD et à ses adjoints. En cas de guerre, c'est là que serait coordonnée, en collaboration avec Colorado Springs, la défense aérienne du continent nord-américain.

*

La base souterraine de North Bay n'est qu'un maillon dans l'immense chaîne que constituent toutes les installations militaires pour la défense aérienne de l'Amérique du Nord. Ce maillon est cependant vital puisqu'il assure, avec le quartier général de NORAD à Colorado Springs, toutes les opérations de surveillance, de contrôle et de défense du continent nord-américain qui dépendent d'une série de nouveaux radars installés tout autour du continent nord-américain.

C'est en 1951 que les États-Unis et le Canada ont établi leur première ligne de radars (le réseau Pinetree situé à la frontière entre les deux pays), en réaction à la menace des bombardiers soviétiques. Quelques années plus tard, ils mirent sur pied le réseau Mid-Canada, au centre du pays, et le réseau DEW, dont les radars étaient alignés de l'Alaska au Labrador. Ces trois réseaux de radars formaient un barrage qui permettait de détecter un avion ennemi à chaque étape de son vol au-dessus du territoire canadien. Le 12 mai 1958, les deux pays entérinaient un accord pour la création d'un Commandement de la défense aérienne de l'Amérique du Nord (NORAD) qui, en plus de chapeauter les opérations des réseaux de radars, établissait une flotte d'avions intercepteurs et plusieurs batteries de missiles dont certains étaient équipés d'ogives nucléaires. Au début des années soixante, NORAD pouvait compter sur 2 612 intercepteurs, dont 200 canadiens; 439 missiles air-sol Bomarc et 274 batteries de missiles air-sol Nike répartis sur 90 sites, dont deux au Canada: North Bay et Lamacaza, au Québec; 77 avions de reconnaissance; 229 sites de radars et 207 000 militaires et civils. Cependant, la menace des bombardiers soviétiques commença à perdre de l'importance avec l'apparition en 1962 de missiles balistiques intercontinentaux. Dès lors, et jusqu'en 1982, la défense aérienne du continent se relâcha. Les missiles Bomarc et Nike furent retirés. Le nombre de radars du réseau DEW passa de 70 à 31, ceux du réseau Pinetree de 39 à 24 et ceux du MID-Canada furent complètement démantelés. Quant au parc d'intercepteurs, il fut réduit à 300 et le nombre d'employés à 37 000.

La menace aérienne se faisant moins pressante, les fonctions de NORAD changèrent. L'organisation orienta ses activités vers la détection d'une attaque de missiles balistiques et la surveillance spatiale. Pour ce faire, tout un réseau de satellites entièrement financé par les États-Unis fut installé dans l'espace: Ballistic Early Warning System (BMEWS), Satellite Early Warning System (SEWS) et Space Detection And Tracking System (SPADATS). Ces systèmes sont toujours en opération et le Canada fournit sa contribution sous forme de personnel. Ces satellites ont joué un rôle important dans la détection des missiles irakiens Scud lancés sur Israël ou sur l'Arabie saoudite pendant la guerre du golfe Persique. Ils couvrent tout le nord de la planète. Dès le lancement d'un missile, les satellites étaient en mesure de le détecter et d'envoyer l'information à Colorado Springs qui, quelques secondes plus tard, fournissait des informations sur l'identité et la provenance du missile. La défense antiaérienne installée dans le Golfe recevait ces informations, ce qui lui permettait d'activer ses missiles de riposte.

Au début des années quatre-vingt, la menace aérienne réapparut avec force. Les dirigeants de NORAD attirèrent l'attention sur le fait que les radars encore en opération étaient devenus obsolètes et coûtaient très cher à entretenir. De plus, la ligne DEW comportait des trous qui auraient permis aux nouveaux bombardiers soviétiques Bear H et Blackjack et à leurs missiles de croisière de pénétrer l'espace aérien nord-américain et de frapper des objectifs militaires vitaux pour les Américains. En 1982, les deux gouvernements décidèrent donc d'étudier toute la défense aérienne du continent et adoptèrent un plan dont voici les grandes lignes: démanteler le réseau Pinetree; remplacer le réseau DEW par un autre réseau de radars; installer aux États-Unis des radars transhorizon à réflexion troposphérique (OTH-B) pour couvrir l'Atlantique, le Pacifique et le sud des États-Unis; acheter une flotte d'avions de détection aérienne AWACS; construire de nouvelles aires de déploiement pour les intercepteurs; et, dans l'avenir, développer un système de radars spatiaux pouvant remplacer les radars au sol.

Ce plan a été officiellement accepté par les deux pays lors du renouvellement de l'accord NORAD le 18 mars 1985 à Québec. L'entente prévoit la construction d'un Système d'alerte du Nord (North Warning System) qui regroupera 13 stations radars à longue portée et 39 stations radars à courte portée disséminées d'un bout à l'autre de la partie septentrionale de l'Alaska, du Canada et le long du Labrador. Ces stations radars seront reliées aux deux centres régionaux de contrôle opérationnel situés à North Bay. Les travaux de construction ont déjà commencé et tout le système d'alerte devra être opérationnel le 1er octobre 1992. De plus, le Canada a procédé à l'aménagement de cinq bases avancées dans le Grand Nord pour permettre aux chasseurs canadiens CF-18, aux F-15 du Strategic Air Command américain et aux avions AWACS d'accomplir leur mission de surveillance et d'interception. Le Canada envisage aussi de compléter la détection radar en mettant en place un réseau de radars côtiers pour combler les espaces que les radars américains OTH-B ne peuvent couvrir sur les côtes Est et Ouest.

Aux États-Unis, trois radars OTH-B sont actuellement installés ou en construction sur les côtes Est et Ouest et dans le centre du pays. Ces radars extrêmement puissants serviront à détecter les bombardiers et les missiles de croisière.

Chapitre 13

Un simple échange de notes

Le 12 mai 1958, le Canada et les États-Unis procèdent à un échange de notes qui crée officiellement le Commandement de la défense aérienne de l'Amérique du Nord, c'est-à-dire le NORAD. Cet accord est la suite logique à donner à une quinzaine d'années de coopération entre les militaires canadiens et américains pour la défense aérienne du continent nord-américain. Cependant, le gouvernement conservateur de John Diefenbaker approuve cet accord sans bien en mesurer la signification politique. Quelques années plus tard, les conséquences d'un tel geste vont contribuer à la chute du premier ministre et à la première crise politique canadienne sur une question de défense depuis les crises de la conscription en 1917 et en 1942.

Immédiatement après la Seconde Guerre mondiale, le Canada et les États-Unis amorcèrent une intense collaboration pour la défense aérienne du continent nord-américain. Durant une bonne partie des années cinquante, les deux pays construisirent de nombreux sites de radars pour détecter une éventuelle attaque de bombardiers soviétiques et mirent sur pied des dizaines d'escadrons d'avions de chasse pour intercepter ces bombardiers. La défense aérienne était devenue complexe et les deux états-majors cherchaient un moyen de coordonner leurs activités pour répondre rapidement à une attaque. Ils proposèrent donc à leur gouvernement respectif la création d'une structure unique permettant le contrôle opérationnel des activités de défense aérienne.

Selon le plan élaboré par les militaires canadiens et américains, un officier américain exercerait le contrôle sur toutes les forces aériennes des deux pays et ordonnerait une éventuelle riposte contre une attaque soviétique. Le rôle des Canadiens n'était pas très clair.

Le gouvernement libéral de Louis Saint-Laurent, occupé par l'organisation d'élections générales en juin 1957, préfère reporter l'étude du plan de commandement intégré. Les conservateurs gagnent les élections et John Diefenbaker succède à Saint-Laurent. À peine devenu premier ministre, il est confronté au dossier de NORAD. Le chef d'état-major canadien, le général Charles Foulkes, est impatient de voir l'accord de défense aérienne avec les États-Unis conclu. Il informe le nouveau ministre de la Défense, le général George Pearkes, de l'urgence de la situation. Le 24 juillet 1957, quelques jours avant la visite à Ottawa du secrétaire d'État américain, John Forster Dulles, il rencontre John Diefenbaker pour lui demander son accord. Sans discussion, le premier ministre acquiesce. L'alliance militaire la plus importante et la plus déterminante pour le Canada a donc été approuvée en quelques minutes, sans consultation du Cabinet des ministres et sans débat au Parlement. L'accord est officialisé le 12 mai 1958, mais sa structure militaire est déjà en place depuis le 12 septembre 1957.

Les spécialistes qui se sont penchés sur cette décision estiment que John Diefenbaker a commis une erreur majeure, non pas en engageant le Canada dans la défense aérienne du continent, ce qui était nécessaire à l'époque, mais en approuvant une entente sans en comprendre les conséquences politiques. Selon Michel Fortmann, spécialiste des questions stratégiques, «le Canada venait ainsi de conclure l'un des accords les plus importants de l'après-guerre sans réflexion, sans analyse et sans débat. L'ambiguïté — pour ne pas dire la confusion intellectuelle — du gouvernement à l'égard de NORAD fut clairement mise en évidence un an plus tard lorsqu'aux questions des parlementaires concernant les liens de l'OTAN et de NORAD, il fut répondu que NORAD était un commandement intégré de l'OTAN, ce qui était totalement faux[1].» L'historien Desmond Norton est plus féroce. Il écrit: «Si des hommes politiques comme Robert Borden et Mackenzie King ont lutté pour le droit du Canada à maîtriser sa destinée, Diefenbaker, lui, a involontairement cédé la maîtrise que le pays avait advenant le cas où celui-ci déclarerait la guerre[2]».

Diefenbaker allait être confronté à deux problèmes militaires durant son mandat: la prise de décision au sein de NORAD lors d'une crise et l'acquisition d'armes nucléaires pour la défense aérienne.

Lorsque le général Georges Pearkes présente à John Diefenbaker l'entente sur le commandement intégré de NORAD, il n'est pas fait mention dans le document de la nécessité d'une consultation politique entre les deux pays advenant une crise. Pourtant, avant de quitter le pouvoir en juin 1957, le gouvernement Saint-Laurent a exigé et obtenu l'inclusion d'une telle clause dans l'accord. Diefenbaker signe et l'accord est rendu public en août 1957. À la suite des protestations de l'Opposition et surtout des Affaires extérieures, le premier ministre accepte de formaliser l'accord par un échange de notes le 12 mai 1958. Dans ces notes, on fait référence à «des consultations aussi étroites que possible entre les deux gouvernements sur les questions intéressant la défense commune de l'Amérique du Nord[3]». Malgré cette précision, la consultation n'aura pas lieu quand les Américains mettront en état d'alerte tout leur dispositif militaire, dont NORAD, lors de la crise de Cuba en 1962. Les Canadiens seront mis devant le fait accompli. Michel Fortmann estime que «si la mise en alerte du système impliquait naturellement qu'une consultation intergouvernementale ait lieu, il était assez douteux que les contraintes militaires et techniques permettent une telle consultation en cas d'urgence».

Lorsque la crise de Cuba éclate, le 16 octobre 1962, le premier ministre canadien n'en est pas informé. Il ne l'apprendra que le 22 octobre, en même temps que le reste du monde. Le président John Kennedy s'adresse ce jour-là à la nation et, quelques heures plus tard, les forces américaines, y compris celles de NORAD, sont mises en état d'alerte avancée (DEFCON 3). On s'attend à Washington à ce que le Canada mette lui aussi ses forces militaires sur un pied d'alerte. Mais, frustré de ne pas avoir été consulté avant le déclenchement de l'alerte, Diefenbaker refuse de suivre l'exemple américain. Après deux réunions du Conseil des ministres, et à la suite d'une vigoureuse confrontation avec son ministre de la Défense, Douglas Harkness, Diefenbaker accepte de déclencher l'alerte le 24 octobre. Mais Harkness a déjà préparé les forces canadiennes officieusement, vingt-quatre heures avant d'en recevoir l'ordre.

Diefenbaker, écrit son conseiller personnel, H. Basil Robinson, était profondément blessé par l'attitude du président américain. «Le président des États-Unis l'a mis devant un fait accompli: il l'a obligé, dans les délais les plus courts possibles, à prendre des décisions au sujet de questions de la plus haute importance sur lesquelles l'opinion publique canadienne était probablement divisée[4]», écrit-il dans ses Mémoires. Le premier ministre ne dénonça jamais l'attitude américaine, mais dans un discours prononcé à Toronto le 5 novembre 1962, il déclara: «Quand je repense à la crise de Cuba, je crois qu'elle a plus que jamais souligné la nécessité de tenir une consultation générale avant d'adopter toute mesure ou politique pouvant mener à la guerre. À la lumière de l'expérience, il devrait être clairement établi que la consultation est un préalable à une action conjointe et simultanée [...] parce qu'on n'aurait jamais pu dire si l'une ou l'autre des nations [de NORAD] aurait automatiquement suivi la position que l'autre aurait pu adopter[5].» Le message était clair.

Les problèmes de Diefenbaker et de NORAD n'étaient pas résolus pour autant. Au contraire. Le gouvernement conservateur allait s'écrouler sur la question de l'acquisition d'armes nucléaires pour les forces armées canadiennes en Europe et au sein de NORAD.

Dès l'arrivée au pouvoir des conservateurs en juin 1957, Ottawa et Washington amorcent des négociations sur le déploiement d'armes nucléaires américaines au Canada ainsi que sur l'acquisition par le Canada d'armes nucléaires pour les différentes missions du pays en Europe et au sein de NORAD. Sur le vieux continent, le Canada a accepté d'équiper ses forces de chasseurs CF-104, destinés à des bombardements nucléaires sur les pays du Pacte de Varsovie, et de missiles Honest John, des armes nucléaires de combat tactiques. Au sein de NORAD, le Canada a accepté d'acheter des chasseurs CF-101 Voodoo, qui doivent être munis d'armes nucléaires, après l'annulation du programme national de construction d'un chasseur, le CF-105 Arrow. De plus, les Américains ont développé un missile sol-air pour la défense aérienne, le Bomarc, qu'ils veulent déployer à la frontière canado-américaine et sur le territoire canadien. Deux versions de ce missile existent: le Bomarc A, doté au choix d'une tête nucléaire ou conventionnelle, et le Bomarc B, qui ne peut transporter qu'une tête nucléaire. C'est ce dernier qui doit être déployé au Canada.

La nucléarisation de la défense canadienne est entamée. «Le gouvernement conservateur, sur la base d'un ensemble de décisions précises et officielles, venait... d'adopter, pour la défense canadienne, une stratégie essentiellement nucléaire, alors que son prédécesseur avait, dès la fin de la guerre, refusé sciemment de s'équiper d'une arme qu'il était en mesure de construire, mais qu'il jugeait dangereuse», écrit Michel Fortmann[6].

De 1958 à 1963, John Diefenbaker est incapable de prendre une décision finale sur l'acquisition d'armes nucléaires. Bien sûr, son gouvernement a pris des engagements au sein de ses deux alliances militaires, mais le premier ministre se réserve la décision ultime d'équiper d'armes nucléaires le matériel acquis. Diefenbaker est constamment tiraillé entre son secrétaire d'État aux Affaires extérieures, Howard Green, fermement opposé au nucléaire, et ses ministres de la Défense qui favorisent l'option nucléaire.

Devant les divisions au sein du cabinet et les pressions de plus en plus vigoureuses de Washington et de l'OTAN, Diefenbaker tente une dernière fois d'éviter de prendre une décision. Le 25 janvier 1963, il s'adresse au Parlement et dans un discours confus jure qu'il respectera les engagements canadiens au sein de l'OTAN et de NORAD mais précise qu'avant de se décider le Canada attend le résultat des pourparlers concernant le désarmement. Il souligne que le Canada n'a pas encore de rôle nucléaire. Le 30 janvier, les Américains réagissent durement en rendant public un communiqué dans lequel Washington accuse le premier ministre d'avoir menti sur les engagements nucléaires du Canada. Le ministre Harkness, excédé par les tergiversations du premier ministre sur les questions de défense, donne sa démission alors que le Parti libéral demande un vote de non-confiance au Parlement. Le gouvernement Diefenbaker est défait le 5 février. Quelques semaines plus tard, le nouveau premier ministre libéral, Lester B. Pearson, signe avec le président Kennedy des accords sur le transfert des charges nucléaires. Le Canada conservera ces armes nucléaires jusqu'en 1984.

Depuis la crise de Cuba, la participation canadienne au sein de NORAD a connu plusieurs modifications visant à assurer au pays une certaine autonomie. Ainsi, des procédures ont été implantées pour que des militaires américains remplacent leurs collègues canadiens au quartier général de Colorado Springs s'il survenait une crise nécessitant la mise en alerte des seules forces militaires américaines. De plus, à la demande du Canada, les frontières régionales de la défense aérienne ont été révisées pour correspondre aux frontières nationales. Avant 1984, une grande partie de l'espace aérien du Canada était placée sous le commandement et le contrôle des États-Unis. Ce n'est plus le cas depuis. Les installations de la base de North Bay surveillent et contrôlent l'ensemble de l'espace aérien du pays. Enfin, le Canada finance complètement la modernisation de la Ligne d'alerte du Nord et la contrôlera entièrement dès 1992. Mais, malgré ces modifications, des zones d'ombre demeurent. Nous les examinerons dans les prochains chapitres.

Chapitre 14

De Londres à Washington

Lorsque les Anglais écrasèrent les Français sur les plaines d'Abraham en 1760 et s'emparèrent de la Nouvelle-France, nombreux furent ceux qui pensèrent que Londres pourrait alors constituer un vaste empire nord-américain en réunissant les territoires canadiens aux treize colonies américaines. C'était mal connaître les dures lois de la géopolitique et surtout les profonds sentiments des Américains qui commençaient à souffrir de la domination britannique. En quittant Québec, les Français ne s'y trompèrent pas. Lors des négociations de paix de 1763, le premier ministre français, le duc de Choiseul, souligna que c'était la menace française qui avait permis à Londres de garder ses colonies. La France exclue du continent, Britanniques et Américains pouvaient maintenant s'affronter. C'était aussi ce que croyaient les premiers gouverneurs britanniques du Canada, qui étaient souvent bilingues et dotés d'un sens des réalités politiques et militaires plus aigu que leurs maîtres de Londres. James Murray fit tout ce qui était en son pouvoir pour empêcher l'anglicisation des Canadiens français ordonnée par Londres en 1763. Son successeur, Guy Carleton, qui avait pour mission de faire le contraire, suivit rapidement les traces de son prédécesseur. Tous deux voyaient bien que les Américains étaient au bord de la révolte et que la meilleure façon de garder le Canada dans le giron britannique et de l'immuniser contre les tendances révolutionnaires était de respecter les droits de la grande majorité des habitants du pays. Il n'y avait là aucune sympathie: seulement un froid calcul stratégique. En 1774, l'Acte de Québec remplaçait les mesures décrétées en 1763, rétablissant le droit civil français et reconnaissant l'autorité de l'Église catholique et du système seigneurial resté en place après la conquête. Tout était prêt pour affronter les Américains. La première alliance entre les colonies canadiennes et la Grande-Bretagne était née dans un seul but: préserver le Canada contre les États-Unis. Ce scénario allait se répéter pendant un siècle.

Malgré la liberté qu'on leur offrait, les Canadiens français résistèrent aux appels des Américains lors de l'invasion de 1775-1776. Cela tombait bien, car la France ne voulait en aucun cas reprendre le contrôle de son ancienne colonie. Elle préférait voir les Britanniques dominer le Canada et menacer la nouvelle république américaine qui, elle, resterait une ferme alliée de Paris. «Cela était tout à fait logique dans le contexte du jeu des grandes puissances, écrit le journaliste et historien Gwynne Dyer. Mais ce second et perfide acte d'abandon rendit les liens émotionnels déjà minces entre la France et son ancienne colonie encore plus tendus[1].» En fait, les Canadiens français ne se battirent ni pour Londres ni pour Washington. Ils demeurèrent indifférents. Ce fut la même chose pendant la guerre de 1812-1814 opposant Londres et Washington, qui fut l'occasion pour les Américains d'envahir une seconde fois le territoire canadien. Certes, plusieurs centaines de francophones prirent les armes pour défendre la Couronne, mais les soldats britanniques firent le gros du travail, même en Ontario (le Haut-Canada) où les Loyalistes récemment arrivés ne se bousculèrent pas pour repousser leurs anciens compatriotes. Cette indifférence tant des francophones que des anglophones envers Londres allait changer avec l'arrivée massive d'immigrants des îles britanniques au cours du XIXe siècle. L'alliance entre les premiers habitants du Canada et les Britanniques, basée sur des considérations pratiques et stratégiques, allait devenir une alliance fondée sur les émotions et l'appartenance à l'empire britannique.

Pendant tout le XIXe siècle et le début du XXe, la menace principale à la sécurité du pays venait des États-Unis. La Grande-Bretagne planifiait la défense du Canada en fonction des déclarations et revendications américaines. La tension montait périodiquement entre Londres et Washington comme l'illustrent de nombreux incidents frontaliers, politiques et diplomatiques. Les Canadiens ne pouvaient guère changer les choses. Et même, le voulaient-ils? «Il ne faut pas oublier que le Canada était une colonie, que sa petite armée était commandée par un officier britannique et que le sentiment d'appartenance à l'empire était très profond tant chez la population anglophone que chez les élites en général, déclare Serge Bernier, historien au ministère de la Défense nationale. De plus, les Américains ne faisaient rien pour se rendre agréables. Mais tout cela change progressivement au fur et à mesure que la population s'identifie plus à son pays et que les événements extérieurs imposent au gouvernement de prendre des décisions[2].» La guerre civile américaine et ses débordements au Canada poussèrent les politiciens à accélérer l'unification des provinces canadiennes. En 1867, le Canada prenait forme non seulement à cause des pressions britanniques et des ambitions personnelles des politiciens locaux mais, aussi, par peur d'une nouvelle guerre et d'une invasion américaine.

La milice volontaire, qui avait été créée en 1855, s'étoffa malgré le peu de considération que les politiciens lui portaient. Elle devait montrer ses capacités, mais aussi ses grandes faiblesses, lors de la première guerre à laquelle le Canada fut entraîné à participer comme pays: la guerre des Boers. Voulant parachever sa domination sur l'Afrique australe, la Grande-Bretagne entra en conflit avec les républiques boers établies en territoire sud-africain. Londres demanda des soldats et Sir Wilfrid Laurier, tout en précisant qu'il ne s'agissait pas d'un précédent, permit à des contingents de volontaires de partir. Ceux-ci étaient surtout constitués d'anglophones fraîchement arrivés des îles britanniques qui avaient à cœur la défense de l'empire. Les francophones ne suivirent pas et leurs leaders politiques critiquèrent violemment Sir Wilfrid Laurier pour avoir plié devant Londres. Ils n'avaient guère de leçon à donner puisque les Canadiens français s'étaient ridiculisés en 1868-1870 en se portant au secours des États pontificaux en lutte contre une Italie en quête d'unification.

Malgré ce qu'en disait le premier ministre, l'engagement du Canada en Afrique du Sud était un précédent que Londres n'allait pas oublier, même si la Grande-Bretagne devait retirer toutes ses troupes du Canada au début du XXe siècle et forcer le gouvernement canadien à financer sa propre défense. L'alliance canado-britannique devait garder toute sa puissance émotionnelle pour quelques années encore. En août 1914, le Canada se considéra automatiquement en guerre du fait que la Grande-Bretagne l'était. Le pays tout entier était uni et ses citoyens, comme partout en Europe, croyaient que la «joyeuse guerre» n'allait durer que quelques mois. Sir Wilfrid Laurier rappela que les Canadiens étaient des sujets britanniques et Henri Bourassa écrivit dans *Le Devoir* que le Canada avait intérêt à ce que soient préservés le prestige, le pouvoir et le rôle mondial de la France et de la Grande-Bretagne. En fait, le Canada n'était qu'une colonie et n'avait le choix que sur le genre de participation qu'il voulait apporter; il la souhaitait importante dès les débuts mais basée sur le volontariat. Les Canadiens anglais nés dans les îles britanniques ne critiquèrent pas la décision d'Ottawa. En fait, tant que dura le volontariat — jusqu'en octobre 1917 —, ils constituèrent 49 % des forces canadiennes même s'ils ne représentaient que 11 % de la population. Les Canadiens français, eux, n'étaient guère enthousiastes. Tant et aussi longtemps qu'on ne les obligea pas à le faire, ils s'enrôlèrent discrètement et en très petit nombre. Tout cela changea au début de 1916. La guerre en Europe s'enlisait et Londres réclamait des troupes. Le premier ministre Robert Borden offrit de doubler le contingent, le portant à 500 000 hommes. La conscription fut imposée en 1917 mais la majorité des hommes valides refusèrent de porter les armes et s'arrangèrent pour obtenir les nombreuses exemptions prévues par la première loi sur la conscription. D'un océan à l'autre, le mouvement anti-conscription agitait le pays. Il atteignit son paroxysme pendant le week-end pascal de 1918 à Québec, après qu'on eut rendu difficile les exemptions: des soldats de Toronto firent alors feu sur une foule en colère, causant la mort de quatre personnes. Le Québec plia mais n'oublia pas.

Les leaders canadiens s'aperçurent rapidement que la participation du Canada à la guerre n'ouvrait pas toutes les portes du pouvoir à Londres. Ils furent à peine consultés. «C'est seulement lorsque Borden était à Londres que le Canada pouvait faire entendre sa voie dans les conseils de l'Empire[3]», écrit l'historien Desmond Morton. Le reste du temps, Londres décidait seul du sort des colonies et de leurs soldats. La Seconde Guerre mondiale approchait rapidement. Lorsque le Parlement canadien vota sa participation à la guerre, le 10 septembre 1939, les voix discordantes ne furent pas nombreuses mais l'enthousiasme de 1914 n'était pas au rendez-vous. Le premier ministre William Lyon Mackenzie King, qui tenait à maintenir l'unité du pays, promit de ne pas imposer la conscription d'outre-mer. Les Canadiens des deux côtés s'engagèrent massivement. En avril 1942, un plébiscite libéra le premier ministre de sa promesse malgré l'écrasante opposition des électeurs québécois. Toutefois, la conscription ne fut appliquée que partiellement vers la fin de 1944 et n'eut guère d'effet notable puisque sur 750 000 soldats canadiens qui participèrent à la Seconde Guerre mondiale, 13 000 seulement étaient des conscrits.

Si la Seconde Guerre mondiale permit au Canada de «naître en tant que nation[4]», comme devaient l'écrire les historiens J. Granatstein et Desmond Morton, elle accéléra aussi la rupture politique et militaire avec la Grande-Bretagne. Les États-Unis, la nouvelle superpuissance, devenaient le principal allié du pays. En fait, ce changement d'alliance avait commencé avec la Première Guerre mondiale lorsque la Grande-Bretagne n'avait plus été en mesure de financer l'effort de guerre canadien. Cela devait se répéter lors de la guerre de 39-45. Le Canada se tourna alors vers son voisin du sud malgré le fait que l'état-major canadien planifiait toujours sa défense en fonction d'une attaque venant des États-Unis. Parallèlement à ces nouvelles relations financières, les liens économiques se développaient rapidement. Les investissements américains au Canada dépassèrent ceux des Britanniques dès 1922 et même les préférences tarifaires obtenues par les membres du Commonwealth lors de la Conférence économique impériale de 1923 à Ottawa ne purent stopper le mouvement d'intégration économique avec les États-Unis.

L'alliance militaire était la prochaine étape. Inquiets de la tournure des événements en Europe, les Américains ne se firent pas prier pour offrir leurs services sinon leurs conseils aux Canadiens. Lors d'un discours à l'université Queen's de Kingston en 1938, le président Franklin Roosevelt souligna que «l'Amérique ne se contenterait pas simplement de regarder, si la domination du sol canadien était menacée par un autre empire». Mackenzie King saisit la perche et répondit que le Canada considérait comme son devoir «de faire tout ce qui était en son pouvoir pour se garder à l'abri d'une attaque ou d'une invasion possible et de faire en sorte que, si une telle occasion se présentait, les forces ennemies ne puissent poursuivre en territoire canadien leur route jusqu'aux États-Unis, que ce soit par terre, par mer ou par air[5]».

Il s'ensuivit des négociations secrètes entre les deux pays pour planifier la défense commune du continent nord-américain. La défaite de la France en juin 1940 et l'isolement de la Grande-Bretagne précipitèrent les discussions entre Ottawa et Washington. Franklin Roosevelt et William Lyon Mackenzie King se rencontrèrent le 16 août 1940 à Ogdensburg, dans l'État de New York, et mirent sur pied la Commission permanente canado-américaine de défense chargée de planifier l'effort militaire des deux États. Comme dans le cas de l'accord NORAD et de bien d'autres décisions militaires depuis, cette alliance fut scellée rapidement, sans débat, malgré son importance historique. L'affaire fut conclue en une quinzaine de minutes. Dans une voiture de train Pullman, le président avec son secrétaire d'État à la guerre, Henry Stimson, comme seul témoin, proposa au leader canadien une alliance militaire. Le premier ministre accepta sur-le-champ sans même consulter ses conseillers[6]. L'alliance militaire avec les États-Unis venait de prendre forme; elle devait se développer rapidement et dure encore aujourd'hui.

Chapitre 15

La dérive continentaliste

Le débat sur le traité de libre-échange avec les États-Unis, qui est entré en vigueur le 1er janvier 1989, a fait naître au Canada la peur de l'intégration complète avec notre voisin du sud. Pendant les trois années qu'ont duré les négociations entre les deux pays, les partis d'opposition ainsi que de nombreux groupes de pression représentant une foule d'intérêts particuliers n'ont cessé de mettre les Canadiens en garde contre les dangers du libre-échange économique. Tous les épouvantails ont été brandis contre un accord qui venait compléter une intégration économique déjà largement réalisée depuis plusieurs années. Selon les opposants au traité, des pans entiers de l'économie canadienne allaient s'effondrer, le chômage deviendrait endémique, des régions complètes seraient vouées au sous-développement et la disparition de la culture canadienne n'était qu'une question de mois. C'est au Québec, une société culturellement distincte face au continent anglophone, que les appuis au libre-échange furent les plus solides.

La campagne contre le libre-échange a culminé lors des élections générales de novembre 1988. Les conservateurs ont alors obtenu un solide mandat parlementaire même s'ils n'ont pas recueilli une majorité absolue en votes. Les Canadiens ont choisi le libre-échange et seul l'avenir dira s'ils se sont trompés.

*

Comme on a pu le voir plus haut, l'intégration économique entre le Canada et les États-Unis a commencé au début des années dix et a été rapidement suivie d'une intense collaboration militaire. Si le débat politique au Canada depuis un demi-siècle est dominé par nos relations économiques avec les États-Unis, on peut être surpris qu'il n'en soit pas de même du côté militaire. Depuis le début de la Seconde Guerre mondiale, le Canada s'est engagé dans un processus de continentalisation de sa défense aussi puissant et irrévocable que la continentalisation de son économie. Ce processus devrait continuer à s'accélérer maintenant que l'Europe s'est libérée de la menace militaire que faisaient peser sur elle les pays du bloc de l'Est et que la garantie de sécurité que lui offraient les deux États d'Amérique du Nord n'est plus aussi indispensable qu'auparavant. Au rythme où vont les choses, il ne serait pas surprenant de voir l'Amérique du Nord s'ériger en forteresse «Amérique», dans tous les domaines, avec les problèmes et les inconnues que cela suppose.

Bien sûr, le Canada a tenté et tente toujours d'éviter la dérive continentaliste. Son adhésion aux Nations unies et à d'autres organisations multilatérales ainsi que sa participation à l'Alliance atlantique constituent des actions tangibles dont le but est de ne pas trop souffrir de l'étreinte passionnée de ses amis du sud. Mais force est de constater qu'en quelques décennies les événements internationaux ainsi que ses propres décisions ont poussé inexorablement le Canada dans les bras des Américains. Le regroupement de presque tous les pays du monde au sein des Nations unies n'a pas réglé tous les problèmes de sécurité dans le monde; l'ONU n'est pas devenue le lieu où on peut liquider tous les conflits comme l'espéraient si ardemment les hommes d'État et les diplomates canadiens qui ont participé à sa naissance. Paralysées par la guerre froide et un tiers-mondisme débridé, les Nations unies n'ont recommencé à fonctionner que tout récemment, à la faveur d'une plus grande coopération entre Moscou et Washington sur des questions aussi diverses que l'indépendance de la Namibie, le règlement de la guerre civile au Cambodge et le conflit entre l'Irak et la communauté internationale au sujet du Koweit. Il est trop tôt pour dire si la renaissance des Nations unies sera permanente mais, quoi qu'il arrive, le Canada ne peut pas fonder toute sa politique de défense et de sécurité sur l'ONU.

L'adhésion du Canada à l'OTAN en 1949 constitua une réponse à la paralysie des Nations unies. Prévue à la charte de l'ONU, la formation d'une alliance militaire régionale comme l'OTAN convenait mieux à l'esprit du temps et aux intérêts politiques du Canada. Les dirigeants canadiens de l'époque étaient confrontés à de multiples problèmes: l'Union soviétique annexait un à un les pays de l'Est et menaçait militairement les pays d'Europe de l'Ouest à peine sortis d'un conflit dévastateur; les Américains ne semblaient pas intéressés à la sécurité européenne et hésitaient entre l'isolationnisme et l'internationalisme; enfin, les liens militaires du Canada avec les États-Unis se raffermissaient et laissaient craindre une trop grande dépendance envers Washington. Selon l'historien Desmond Morton, «après quelques années d'ententes de défense bilatérales avec les États-Unis, Ottawa a eu envie d'avoir d'autres partenaires». On entendait même les diplomates canadiens répéter que «si on est douze dans un lit, il n'y aura pas viol[1]». La participation canadienne à l'Alliance atlantique, si elle a empêché un viol, n'a pas mis fin à la séduction américaine dans laquelle le Canada était tombé et à laquelle il a grandement contribué. Certes, dans les premières années d'existence de l'OTAN, le Canada a fait plus que sa part. Selon Michel Fortmann, entre 1951 et 1958, «le Canada a donné à l'OTAN plus d'argent et d'équipement qu'aucun des membres de l'Alliance, compte tenu de son produit national brut[2]». Cette générosité n'a pas duré. Dès la fin des années cinquante et jusqu'aux réductions annoncées lors du budget de 1989, la part des dépenses que le Canada a consacrées à l'OTAN a décliné de façon dramatique. Chaque gouvernement, depuis trente ans, sous couvert de réorganisation et de rationalisation, a réduit les ressources financières et matérielles allouées aux engagements militaires sur le vieux continent, ce qui a d'ailleurs été une source constante de friction entre Ottawa et ses partenaires de l'Alliance. Avec la fin de la guerre froide et la signature, le 19 novembre 1990, du traité de Paris sur le désarmement conventionnel, le retrait canadien de l'Europe devrait être complété d'ici quelques mois.

Ce lent repli sur le continent américain ne s'est pas fait sans raisons. Le coût sans cesse grandissant de la défense continentale, la modernisation des équipements et surtout le désir des gouvernements de limiter sinon de réduire les dépenses de défense ont contribué à ce retranchement. Parallèlement à ces changements politiques et militaires, le Canada et les États-Unis ont développé depuis quarante-cinq ans un incroyable réseau de relations militaires unique au monde. Selon un document du ministère des Affaires extérieures, le Canada est lié aux États-Unis par quelque 800 accords de défense et la coopération entre les deux pays s'exerce au sein de 149 forums bilatéraux. Ces forums touchent tous les aspects de la défense et de la sécurité de l'Amérique du Nord. Nous reparlerons de cette collaboration dans la quatrième partie.

Si la continentalisation de la défense canadienne n'est pas encore totalement complétée, cela ne devrait pas tarder. Depuis une dizaine d'années, les États-Unis envoient à leur voisin du nord de puissants messages d'invitation à coopérer plus étroitement qu'il sera de plus en plus difficile de refuser. L'initiative de défense stratégique (IDS), plus populairement connue sous le nom de Guerre des étoiles, en est un. Le différend sur les eaux arctiques en est un autre.

*

Lorsque le président Ronald Reagan dévoila son programme sur la défense stratégique contre les armes nucléaires, le 23 mars 1983, le concept n'était pas nouveau, du moins pour les Canadiens. NORAD est, à une échelle plus réduite, un système de défense stratégique contre les bombardiers et les missiles de croisière. Il était donc naturel que les Américains, de plus en plus angoissés par leur vulnérabilité aux attaques soviétiques, songent à doter le continent nord-américain d'un bouclier protecteur contre les missiles balistiques nucléaires lancés du sol et des mers. Ils l'avaient déjà fait dans les années soixante mais ils s'étaient rendu compte que la technologie ne leur assurait pas une défense antimissile étanche. C'est pour cette raison que Washington et Moscou signèrent en 1972 un accord limitant les défenses antimissiles (le traité ABM).

Au début des années quatre-vingt, la situation technologique avait changé. Les Américains semblaient convaincus qu'une défense antimissile robuste, basée au sol ou dans l'espace, pouvait être déployée rapidement. Le gouvernement Reagan lança alors le programme IDS et invita tous les pays occidentaux à y participer. Le Canada a décliné l'invitation en septembre 1985, en partie à cause de ses réticences à permettre des dérogations au traité ABM, mais le débat sur une participation indirecte à l'IDS grâce à NORAD s'est poursuivi pendant toutes les auditions de 1985-1986 sur le renouvellement de l'accord de défense aérospatiale. La plupart des témoins qui ont défilé devant le Comité du Parlement qui étudiait cette question ont souligné l'étroitesse des liens entre la défense aérospatiale et la défense stratégique. L'une complète l'autre et, selon le commandant en chef de NORAD, le général Robert Herres, «cela n'a pas de bon sens de construire une maison avec un toit en oubliant les murs[3]». Après un vigoureux débat au Parlement et au sein de la population, l'accord NORAD a été renouvelé en 1986. Il le sera certainement encore en mai 1991, cette fois-ci sans trop de débats, la controverse sur l'IDS s'atténuant à cause du désintérêt de la nouvelle administration Bush pour ce programme.

Pourtant, ce n'est pas parce que l'IDS et d'autres programmes liés à la défense de l'Amérique du Nord (Initiative de défense aérienne IDA, Plan de défense stratégique PDS 2000) n'attirent plus autant l'attention des médias et du grand public ou que leurs prouesses technologiques sont moins exaltantes que promis que le territoire canadien se trouve exclu de la défense continentale de l'Amérique du Nord. Bien au contraire. La double menace des missiles balistiques et de croisière soviétiques restera toujours présente malgré les accords pouvant être signés en ces temps de rapprochement Est-Ouest. Dans une étude sur la défense continentale publiée en 1986, le chercheur canadien David Cox écrivait qu'à ce jour aucun programme américain de défense continentale ne nécessitait l'emploi du territoire canadien mais que dans l'avenir cela pouvait changer. Il faisait référence à la double menace évoquée plus haut. «Cependant, pour garantir l'efficacité de systèmes plus futuristes encore, un déploiement dans le Nord et plus précisément au Canada serait essentiel. Il subsiste donc beaucoup d'incertitude, mais si l'on évoque en même temps les trajectoires polaires et les systèmes de défense multi-couches, on en vient effectivement à conclure que le territoire canadien constituera un jour l'avant-front stratégique des systèmes de défense contre les missiles balistiques et que, tôt ou tard, la participation du Canada sera nécessaire. Voilà qui fait songer à une autre hypothèse: si notre pays décide de se tenir à l'écart des systèmes de défense contre les missiles balistiques, il est possible que le gouvernement interdise expressément l'emploi du territoire canadien pour le déploiement des composantes de tels systèmes. Mises à part les contestations politiques évidentes qu'une telle déclaration susciterait, celle-ci influerait sans doute sur le programme américain de recherches, notamment en ce qui concerne les systèmes dont le déploiement au Canada aurait amélioré les performances. Il s'agit cependant là d'une option complexe et illogique, car tout en refusant de favoriser la mise en place des défenses contre les missiles balistiques, le gouvernement encouragerait sans doute activement une augmentation parallèle des moyens de défense contre les bombardiers et les missiles de croisière, augmentation qui découlerait elle-même des déploiements de missiles anti-missiles balistiques[4].»

Certains spécialistes affirment que les États-Unis n'auront plus besoin d'ici quelques années du territoire canadien parce qu'ils auront développé et déployé un réseau de radars spatiaux qui leur permettra de surveiller le continent nord-américain. Ce réseau remplacera les radars du Système d'alerte du Nord et permettra aux Américains de déclencher une riposte à partir de leur territoire, évitant ainsi le déploiement d'armes au Canada. Il appert toutefois qu'un tel réseau de radars spatiaux ne sera pas opérationnel avant une quinzaine d'années et que de toute façon l'interception de bombardiers ou de missiles se fera au-dessus du territoire canadien sinon du Grand Nord.

La dispute entre le Canada et les États-Unis en ce qui concerne la souveraineté canadienne sur les eaux arctiques montre elle aussi l'importance du territoire canadien pour la défense et la sécurité des États-Unis. Nous avons déjà évoqué dans le chapitre précédent le conflit entre les deux pays au sujet de l'Arctique. Il me semble donc inutile d'y revenir sinon pour ajouter quelques mots. L'Arctique a toujours fait l'objet, dans le discours des politiciens, d'une rhétorique démesurée qui ne trouvait en général aucune application concrète. Les livres blancs sur la défense de 1971 et de 1987 ont tous deux souligné l'importance politique, stratégique et même culturelle de ce territoire pour les Canadiens. Pourtant, aucun gouvernement n'a réellement pris les moyens pour assurer au Canada sa pleine souveraineté dans cette région.

Si à l'heure actuelle la région de l'Arctique n'est pas devenue le lieu de la confrontation Est-Ouest comme certains experts le prédisaient il y a quelques années, son importance stratégique et économique ne va pas tarder à se faire sentir. L'océan Arctique a toutes les qualités requises pour devenir un repaire de sous-marins lanceurs de missiles balistiques et de croisière, tant américains que soviétiques; en plus ses eaux et son sous-sol recèlent d'immenses réserves de ressources naturelles, comme le pétrole et le gaz, qui vont devenir vitales alors que l'Occident accentue son développement économique et que le Proche-Orient est secoué par des crises politiques. Si le Canada continue à n'accorder qu'un intérêt secondaire à cette région, comme l'ont fait depuis trente ans les gouvernements qui se sont succédé à Ottawa, cela ne passera pas inaperçu chez notre voisin du sud qui conteste depuis toujours la souveraineté canadienne sur les eaux arctiques. Dans son étude sur la défense continentale, David Cox soulignait qu'il était indispensable de consacrer plus de ressources militaires à cette région, en matière de surveillance et de dissuasion, si le Canada «veut donner de la crédibilité à ses revendications visant ce continent». Autrement, si le Canada n'est pas à la hauteur de ses responsabilités, «il n'est pas exagéré d'envisager un avenir où une large bande de l'Arctique canadien deviendrait de facto une zone réservée exclusivement aux opérations militaires des États-Unis», écrivait-il en 1986[5]. Cinq ans plus tard, ce jugement reste étonnamment actuel.

La plupart des militaires et des spécialistes canadiens de la défense savent que la continentalisation de la défense canadienne est inévitable et qu'il reste bien peu de temps avant que ce processus soit complètement achevé. La majorité d'entre eux sont inquiets mais ne cèdent pas à la panique. Ils estiment que le Canada pourrait garder une marge de manœuvre vis-à-vis des États-Unis en participant plus activement au maintien de la paix dans le monde et en renforçant les activités militaires liées au contrôle, à l'inspection et à la vérification des traités de désarmement.

«La question de la continentalisation de la défense canadienne est très difficile à régler, déclare un général canadien. Quelles vont être nos relations avec une Alliance atlantique transformée? Comment maintenir une présence en Europe? Que ferons-nous pour assurer au Canada une place de choix dans le monde?» demande un général d'état-major à Ottawa. Comme plusieurs de ses collègues, il croit que le salut viendra d'un renforcement des activités internationales du Canada. «Pour éviter de bilatéraliser nos relations de défense avec les États-Unis, il faudra internationaliser notre politique de défense, dit-il. Nous chercherons désespérément des engagements à l'étranger, surtout dans le domaine du maintien de la paix.» Les activités politiques et militaires des grandes organisations internationales comme les Nations unies ou même l'Organisation des États américains permettront, selon plusieurs, de maintenir l'aspect internationaliste de la politique étrangère canadienne. Mais un général bien au fait de la politique internationale ne se fait pas d'illusions: «Dans quelques années, nous serons face aux États-Unis, seuls, alors qu'avant il y avait 15 autres pays ou partenaires avec nous, dit-il. Nous allons devoir travailler dur pour maintenir notre indépendance.»

Quels que soient les aléas de la politique internationale et des développements technologiques, le territoire canadien restera toujours une zone importante pour la défense des États-Unis. Ce n'est qu'une question de temps avant que nous recevions de nos voisins américains une invitation à coordonner de plus en plus nos politiques de défense aérienne et maritime. Elle sera un jour entre les mains du premier ministre canadien.

Un caporal d'un détachement de génie se désaltère à la base Canada Dry au Qatar.

Un véhicule de commandement et de reconnaissance Lynx traverse un pont spécialement aménagé pour franchir les obstacles.

Séance de décontamination chimique à la base Canada Dry au Qatar.

Cérémonies de fin d'année scolaire au Collège militaire royal de Saint-Jean.

Deux bérets bleus, un Canadien et un Australien, planifient une patrouille sur la ligne verte à Nicosie, dans l'île de Chypre.

Un CF-18 quitte son abri bétonné à la base de Baden-Soellingen, en Allemagne.

Une jeune militaire participe à des exercices à la base de Cornwallis, en Nouvelle-Écosse.

Un sous-officier scrute un écran radar au siège du NORAD canadien à North Bay.

Un CF-18 intercepte un bombardier soviétique Bear.

Le *Terra Nova* (en haut) et l'*Athabaskan* (en bas) s'apprêtent à être ravitaillés en mer par le *Protecteur* lors de leur mission dans le golfe Persique.

Les trois sous-marins canadiens dans le port de Halifax.

QUATRIÈME PARTIE

Le secret qu'on vénère

Chapitre 16

Un voyage à Washington

Se rendre à Washington est toujours un voyage fascinant pour ceux et celles qui s'intéressent au sort du monde et à la politique internationale. Cette ville, pas très grande par rapport aux autres capitales, est le centre de la planète. C'est là que tout commence et que tout finit. Pour tout homme ou femme qui dirige ou aspire à diriger, un pèlerinage politique et médiatique à Washington est une nécessité. Essentiellement peuplée de fonctionnaires, de politiciens, de chercheurs, de consultants et de lobbyistes, Washington tire toute sa vitalité de l'action quotidienne du gouvernement américain et de ses institutions, des nombreux centres de recherche et universités qui l'animent et de son immense communauté diplomatique. De cette ville s'échappe un vaste murmure provenant de milliers de gens qui s'échangent des informations et discutent du sort de la nation mais surtout du destin de l'humanité. Cette petite élite, qui entretient des guerres intestines mais s'entend pour maintenir le statut impérial des États-Unis, détient un pouvoir colossal et exerce une formidable attraction qui ne laisse personne indifférent. De partout on vient la voir pour la courtiser, l'influencer, lui demander conseil et obtenir son appui et sa reconnaissance. Et de tous les voyageurs qui se bousculent à Washington, les Canadiens figurent parmi les premiers tant notre pays est lié, dans tous les domaines, à cette superpuissance.

Une partie non négligeable de l'élite washingtonienne est formée de politiciens, de militaires et de chercheurs qui s'intéressent aux questions de défense et de sécurité. Ils débattent et planifient les stratégies militaires, orientent les relations tant avec les pays alliés qu'avec les ennemis, déplacent des armées entières à travers le monde, tissent des réseaux de bases et d'accords pour la sécurité des États-Unis, votent des crédits fabuleux pour l'achat d'équipements militaires et, quelquefois, décident du sort d'un pays ou d'un chef d'État. Si tout ce beau monde s'entend généralement assez bien, il y a aussi quelques dissidents, quoique pas très méchants, qui contestent la politique des États-Unis et permettent parfois à l'opinion publique de découvrir certains aspects de cette politique qu'on aurait préféré cacher. Le 3 décembre 1985, des parlementaires canadiens en visite à Washington ont fait une découverte bien embarrassante pour leur gouvernement.

Si Pauline Jewett, alors députée néo-démocrate, se rendait à Washington, c'était en tant que membre du Comité de la Chambre sur les affaires étrangères. Le Comité tenait à ce moment-là des audiences publiques sur le renouvellement de l'accord NORAD, une entente sur la défense aérienne du continent nord-américain signée en 1958 par le Canada et les États-Unis et qui fait l'objet de renouvellements périodiques. En politique depuis le début des années soixante, Pauline Jewett était chargée du dossier des Affaires extérieures au NPD et connaissait très bien les problèmes de défense entre les deux pays. Familière des voyages à l'étranger, elle savait d'expérience que Washington constituait, pour ceux qui s'intéressent aux affaires internationales et à la défense, une mine d'or de renseignements. «Des informations, vous en obtenez de partout, assure-t-elle. D'abord, la loi d'accès à l'information est une des plus généreuses du monde. Elle vous donne accès à tout même si vous n'êtes pas citoyen américain. Puis, il y a les politiciens, les comités de parlementaires et de sénateurs, ainsi que les organismes de recherches du Congrès et d'une myriade d'autres institutions publiques et organismes privés. On se bouscule littéralement pour vous donner des informations qui seraient au Canada classifiées sous la rubrique "secret"[1].»

Les membres du Comité de la Chambre voulaient interroger plusieurs politiciens et experts américains sur l'accord NORAD et sur ses liens futurs avec le programme très controversé d'Initiative de défense stratégique ou «guerre des étoiles» du président Ronald Reagan. Tout au long des audiences publiques, de nombreux citoyens avaient souligné les dangers pour le Canada d'un lien éventuel entre la défense contre les missiles balistiques et celle contre les bombardiers et les missiles de croisière qui menaçaient le continent nord-américain. Le gouvernement américain démentait du bout des lèvres l'existence d'un quelconque lien entre les deux alors que le gouvernement canadien déclarait vigoureusement qu'Ottawa n'était pas intéressé par la défense antimissiles. Mais le doute persistait et il était entretenu par une nuée d'experts et de militaires qui soulignaient que les États-Unis ne pouvaient pas construire une défense totale avec un toit (IDS — contre les missiles balistiques) mais sans les murs (NORAD — contre les bombardiers et les missiles de croisière). La participation canadienne à la défense antimissiles était donc cruciale. Pour les militaires américains, si le Canada ne voulait pas entendre parler de la construction du toit, il était important qu'il maintienne sa collaboration au renforcement des murs, une tâche qui ne répugnait pas aux Canadiens. Pour que celle-ci se poursuive, l'accord NORAD devait être renouvelé. Ce fut fait en mars 1986.

Au cours des auditions tenues à Washington, les députés canadiens entendirent le témoignage d'un personnage flamboyant du petit monde des affaires militaires et stratégiques aux États-Unis. William Arkin, jeune chercheur de vingt-huit ans, travaillant pour l'Institute for Policy Studies, n'était pas tout à fait inconnu du public canadien. Au début de l'année 1985, il avait révélé l'étendue de la coopération militaire entre les deux pays en publiant les plans de l'U.S. Strategic Air Command qui prévoyaient le déploiement de bombardiers B-52 sur des aéroports canadiens en temps de crise. Le Pentagone avait aussi planifié d'installer jusqu'à 900 bombes nucléaires anti-sous-marines dans les eaux du Canada et de plusieurs autres pays alliés. Cette dernière révélation avait provoqué un tollé en Islande et forcé le secrétaire d'État américain George Shultz à se rendre à Reykjavik pour calmer les autorités.

Au Canada, la controverse dura presque un mois. Au début, tant le premier ministre Brian Mulroney que son secrétaire d'État, Joe Clark, nièrent l'existence des plans révélés par Arkin. MM. Mulroney et Clark soulignèrent que la politique canadienne «est, et sera, qu'il n'y aura pas d'armes nucléaires sur le sol canadien. C'est catégorique.»

Le ton changea quelques semaines plus tard. Le 15 février, Joe Clark déclarait devant la Chambre des communes qu'en cas d'attaque, le Canada pourrait dire oui à l'installation d'armes nucléaires. M. Clark faisait référence aux engagements du Canada au sein de l'OTAN qui prévoient le déploiement de missiles nucléaires dans l'éventualité d'une crise. M. Clark soulignait toutefois que l'accord de 1957 stipule que «ce déploiement et l'utilisation de ces missiles se feraient conformément aux plans de défense de l'OTAN et en accord avec les pays directement concernés[2]». L'adoucissement de la position canadienne résultait d'une délicate campagne américaine dont le *New York Times* avait révélé la teneur quelques jours avant la nouvelle déclaration de Joe Clark. Selon le quotidien américain, les États-Unis, inquiets de l'allergie nucléaire qui frappait plusieurs de leurs alliés, dont la Nouvelle-Zélande, avaient envoyé une note à leurs ambassadeurs dans certains pays, dont le Canada, pour les inviter à assurer les gouvernements qu'ils participeraient à toute décision nucléaire les touchant mais aussi pour les prier de ne pas trop prendre leurs distances vis-à-vis des opérations américaines.

Devant les députés canadiens, William Arkin lança une autre bombe qui devait lui assurer la une des journaux canadiens. Il présenta aux membres du Comité de la Chambre la liste complète des 364 accords militaires entre le Canada et les États-Unis. Jusque-là, rien de spectaculaire puisque les députés canadiens possédaient déjà cette liste. Mais Arkin leur fit remarquer que sur leur version on trouvait huit espaces blancs pour autant d'accords dont les noms n'apparaissaient pas et que lui possédait la liste complète. Pauline Jewett était estomaquée. Elle avait la liste en main mais elle avait cru que les espaces en blanc étaient le résultat d'un découpage effectué dans le but de placer le plus grand nombre d'accords sur une seule page. En y regardant de plus près, elle s'aperçut rapidement qu'il y avait eu censure. Sur les huit accords en question, quatre portaient sur la coopération dans le domaine nucléaire dont Arkin avait déjà révélé une partie du contenu au début de 1985, un concernait l'espace et les trois autres, la modernisation du système de radars terrestres de NORAD ainsi que la coopération militaire entre les deux pays. Les députés, tant conservateurs que de l'opposition, étaient furieux. «Pourquoi fallait-il venir à Washington pour obtenir cette information?» s'écria Pauline Jewett, appuyée par son collègue conservateur, William Winegard, président du Comité[3].

De retour à Ottawa, les députés apprirent rapidement pourquoi on les avait tenus dans l'ignorance. Le ministre de la Défense nationale de l'époque, Erik Nielsen, répondit brutalement qu'il «ne croyait pas qu'on doive [le Canada] mettre notre âme à nu devant des ennemis potentiels[4]», faisant allusion à l'Union soviétique. Pauline Jewett rétorqua que si l'information était disponible aux États-Unis elle ne voyait pas pourquoi les Canadiens devraient en être privés ni en quoi la divulgation de ces renseignements pouvait aider l'URSS. Le ministre ne broncha pas mais offrit aux députés des séances d'information à huis clos sur la coopération militaire entre les deux pays. Pas question, répondit Jewett. «Je suis totalement opposée à garder le secret sur des informations qui sont déjà disponibles aux États-Unis tant pour les élus que pour le public», rétorqua-t-elle[5].

Cinq ans après l'incident, Pauline Jewett pense que toute cette affaire était le résultat à la fois d'un problème personnel et d'une attitude officielle. «Nielsen, qui était un homme extrêmement secret, avait décidé que nous étions [les députés NPD] trop bruyants sur le renouvellement de l'accord NORAD et sur la complicité canadienne dans les activités nucléaires américaines, raconte-t-elle. Obsédé par le secret, Nielsen a alors pris la responsabilité de bloquer les informations sur nos relations militaires avec les États-Unis. Il avait l'appui de Brian Mulroney qui à cette époque écoutait les durs du Cabinet sur les questions internationales et militaires.» En censurant la liste, Nielsen avait commis une erreur ridicule, car en 1980 cette même liste avait été publiée en entier pour le bénéfice du comité qui examinait le renouvellement de l'accord NORAD. «Mais au-delà des problèmes personnels de Nielsen, je pense que cet incident souligne le profond malaise qui existe au Canada sur les questions de défense, ajoute Pauline Jewett. Il est virtuellement impossible dans ce pays d'obtenir des informations claires et nettes sur les questions militaires. Cela est dû à notre système parlementaire et au formidable pouvoir des bureaucrates canadiens.»

Contrairement à ce qui se passe aux États-Unis, le Parlement et le Sénat canadiens n'ont aucun pouvoir pour contrôler la politique étrangère et de défense. Ces deux institutions peuvent débattre d'une question, tenir des auditions à travers des comités spéciaux et faire des recommandations au gouvernement. Mais rien n'oblige celui-ci à se plier à la volonté des députés ou des sénateurs. Les prérogatives de l'exécutif canadien dans ces matières sont immenses. «Aux États-Unis, le Congrès peut mener la vie dure au gouvernement. Il détient des pouvoirs considérables pour convoquer par voie de *subpoena* n'importe quel fonctionnaire ou représentant du gouvernement, ce qui n'est pas le cas ici, dit Pauline Jewett. De plus, le Congrès est en mesure de voter chaque item du budget fédéral et donc de couper les fonds d'un programme, ce qui pourrait signifier la mort de celui-ci. Le Parlement canadien n'a pas ce pouvoir.» À cette impotence des parlementaires, il faut ajouter la vénération qu'ont les bureaucrates, civils et militaires, envers le secret sur les questions de défense.

Chapitre 17

Les liaisons particulières

Il n'est pas facile pour un parlementaire, un journaliste et encore moins pour un simple citoyen de connaître l'ampleur et l'étendue des relations militaires entre le Canada et les États-Unis. Comme le révèle l'aventure de Pauline Jewett et de ses collègues du Comité de la Chambre sur les affaires extérieures, les informations que l'on peut obtenir sur ces relations sont partielles et trop souvent entourées du secret le plus absolu même si, de l'autre côté de la frontière, une diffusion de l'information plus libre permet souvent au Canadien de connaître ce qui se passe dans son propre pays. Le chercheur qui voudrait dresser la carte des relations militaires américo-canadiennes devra non seulement franchir toutes les embûches que le gouvernement et la bureaucratie dresseront sur son passage mais aussi faire face à un système, les institutions qui gèrent les questions de défense et de sécurité, qui n'arrive pas dans la plupart des cas à trancher entre ce qui est vraiment secret et ce qui ne l'est pas.

De tous les pays du monde, le Canada est certainement celui qui dépend le plus d'un voisin pour sa sécurité. Il est aussi celui dont les relations militaires avec un autre État sont les plus étroites et les plus contraignantes. Pas difficile de comprendre pourquoi. Comme dit l'adage, on choisit ses amis, pas ses voisins, et il se trouve que notre seul voisin, les États-Unis, est la superpuissance dont les intérêts planétaires sont considérables. De plus, le Canada se trouve au nord du continent, juste en face d'une grande puissance, l'Union soviétique, longtemps ennemie du bloc occidental. Pris entre les deux, «le jambon dans le sandwich» pour reprendre une expression des diplomates, le Canada ne peut pas ignorer les intérêts de sécurité de son puissant voisin du sud. Comme on a pu le voir dans les chapitres précédents, la géographie, les liens culturels et le partage des mêmes valeurs ont déterminé nos relations militaires avec les États-Unis. Cette osmose entre les deux pays a donné naissance à un incroyable réseau d'ententes, de traités, d'accords et de relations militaires unique au monde.

Il n'y a pas un seul fonctionnaire, encore moins un politicien ou un ministre de la Défense, qui connaisse vraiment l'ampleur des relations militaires entre les deux pays. Il est vrai que celles-ci sont tous azimuts et vont du contact le plus bénin entre un scientifique canadien et un collègue américain à la rencontre la plus officielle entre le premier ministre et le président. Ces relations multiples impliquent l'industrie, les universités, des institutions privées et plusieurs ministères et agences gouvernementales. Nous nous attacherons ici à faire le point sur les relations de gouvernement à gouvernement, les autres étant trop complexes à décrire et s'effectuant souvent sous le sceau du secret industriel ou de la liberté universitaire. Un mot toutefois sur les relations qui lient les industries militaires des deux pays depuis plus de soixante-dix ans. Le premier accord industriel a été signé en 1917 mais la coopération a réellement commencé en 1941 par la déclaration de Hyde Park, par laquelle Ottawa et Washington s'entendaient pour développer et renforcer mutuellement leurs industries militaires qui alimentaient alors l'effort de guerre allié. Elle s'est élargie et institutionnalisée lors de la signature en décembre 1958 des Accords sur le partage du développement et de la production du matériel de défense (DSPA). «Ces accords rendent le marché américain plus accessible aux produits de défense de fabrication canadienne en exemptant les producteurs canadiens des restrictions imposées par le Buy American Act, et des taxes et droits de douane normalement exigibles[1]», souligne une publication gouvernementale. Ce véritable libre-échange militaire a donné une forte impulsion à l'industrie militaire canadienne, largement contrôlée par les Américains, mais au détriment, selon certains auteurs, de son développement autonome.

Sur le plan institutionnel, la coopération militaire canado-américaine ressemble à une véritable toile d'araignée. Officiellement, le ministère des Affaires extérieures recense une trentaine d'accords militaires entre les deux pays dans son registre des traités bilatéraux en vigueur. Deux de ces accords jouent un rôle clé dans la coopération entre les deux pays: la Commission permanente canado-américaine de défense (PJBD), créée lors de la déclaration d'Ogdensburg le 18 août 1940, et la Déclaration concernant la collaboration en matière de défense entre les deux pays, signée à Ottawa le 12 février 1947, qui engage les Canadiens à adopter les armes, l'équipement, l'entraînement et le système de communications des Américains. Selon l'historien Desmond Morton, ce dernier accord, plus que la déclaration d'Ogdensburg, «accentue l'intégration militaire du Canada avec son vieil ennemi[2]».

De ces traités officiels découlent une multitude d'autres accords militaires allant de l'échange d'informations météorologiques au déploiement de bombes atomiques en cas de crise. Le nombre de ces accords n'est pas connu et fait l'objet de déclarations contradictoires des Affaires extérieures et de la Défense nationale. Comme on l'a vu au chapitre précédent, lors des auditions sur le renouvellement de l'accord NORAD en 1985, le Comité de la Chambre prit connaissance d'une liste de 364 accords. Le 3 décembre 1985, William Arkin, dans une entrevue donnée à la Presse canadienne, déclarait que le PJBD tenait un index renfermant la description de plus de 1700 documents relatifs à la coopération militaire entre les deux pays[3]. Enfin, dans un document obtenu par *Le Devoir,* intitulé *Canadian Security In A World In Transition,* et dont les grandes lignes ont été publiées le 17 septembre 1990, les auteurs, fonctionnaires aux Affaires extérieures, indiquent que plus de 800 accords militaires lient les deux pays. Pour coordonner tout cela, les deux pays ont mis sur pied 149 comités, sous-comités et groupes de travail bilatéraux dont la tâche est de discuter d'une foule d'aspects techniques, militaires et politiques[4].

Il est à souligner qu'aucun accord militaire entre le Canada et les États-Unis n'a été soumis au Parlement pour discussion et adoption. Seul l'accord NORAD fait l'objet d'auditions de la part du Comité de la Chambre sur les affaires extérieures dont les recommandations n'ont rien de contraignant. En fait, le seul accord militaire qui ait été formellement adopté par le Parlement est le traité créant l'OTAN en 1949.

*

Tous ces accords militaires intègrent clairement le Canada à l'infrastructure militaire américaine et particulièrement à ses activités nucléaires. Selon William Arkin, la participation canadienne à l'infrastructure nucléaire américaine est unique au monde. Ce chercheur américain distingue huit catégories d'activités liées au nucléaire: l'arsenal, la production d'armes, la recherche et le développement, le système de surveillance, le système de radars d'alerte en cas d'attaque, le système de communications, la planification et la structure de commandement, et enfin la défense civile. Le Canada est lié aux États-Unis en ce qui concerne les six dernières catégories et accueille sur son territoire quelque 80 installations liées à la guerre nucléaire: sites des radars du Système d'alerte du nord installés dans le cadre de NORAD, bases accueillant des systèmes de communications ou permettant aux bombardiers américains de transiter, corridors d'essais pour le missile de croisière ou les bombardiers stratégiques B-52, zones de tirs et d'essais pour différentes munitions ou systèmes d'armes[5]. Régulièrement, Project Ploughshares, un organisme voué à la promotion de la paix, décrit dans son trimestriel *The Ploughshares Monitor* les exercices militaires américains ou étrangers réalisés sur le sol canadien et donne de l'information sur les liens militaires toujours croissants entre le Canada et les États-Unis.

La diffusion d'information sur les relations militaires entre Ottawa et Washington se fait au compte-gouttes et donne souvent lieu à des situations cocasses. Ainsi, sur la question des essais militaires en territoire canadien, le ministère de la Défense nationale semble avoir de la difficulté à distinguer ce qui est secret de ce qui ne l'est pas.

Au cours d'une rencontre avec un officier supérieur de la Défense nationale chargé des relations militaires entre le Canada et les États-Unis, il ne m'a pas été possible d'apprendre la nature des essais de systèmes militaires américains autres que le missile de croisière. Ces essais sont régis par un accord, le Programme canado-américain d'essai et d'évaluation CANUSTEP, signé le 10 février 1983, qui établit la procédure à suivre pour la mise à l'essai d'armes américaines au Canada. En vertu de cet accord, les États-Unis peuvent demander la permission de mettre à l'essai les systèmes suivants: pièces d'artillerie, hélicoptères, systèmes de surveillance et d'identification, munitions perfectionnées non nucléaires, systèmes de navigation d'aéronefs et systèmes de guidage pour missiles de croisière non munis d'ogives. Comme la question du missile de croisière a provoqué une controverse, le Canada et les États-Unis se sont entendus pour fournir des renseignements sur les essais chaque fois qu'on en effectue. Ce n'est pas le cas avec les autres essais. Lorsque je lui demande combien de systèmes d'armes sont testés au Canada, l'officier me répond qu'officiellement il ne le sait pas. J'insiste en lui faisant remarquer qu'il est de notoriété publique que les Américains utilisent la baie de

Nanoose, en Colombie-Britannique, pour tester des torpilles. Même réponse. L'officier n'a pas tort de répondre ainsi. En effet, le ministère de la Défense nationale n'émet aucun communiqué sur les essais découlant de l'accord CANUSTEP tout simplement parce que les Américains s'y opposent. Sauf dans le cas du missile de croisière.

Paradoxalement, l'information sur certains essais existe. Ou plutôt elle apparaît parfois, selon l'humeur d'un général ou le bon vouloir d'un officier. Ainsi, la revue officielle des Forces armées canadiennes, *Sentinelle,* donne une excellente description des activités de la zone d'essais de la baie de Nanoose et souligne que sur les 908 exercices divers qui ont eu lieu en 1989 dans la zone d'essais, «12 % [...] ont été menés par le Canada». *Sentinelle* écrit que pour «la marine américaine, la zone d'essais de Nanoose est le principal endroit où elle met au point et teste des armes de guerre anti-sous-marine[6]». Voilà une partie de la réponse à ma question. Reste à savoir quel type de torpilles, nucléaires ou conventionnelles, sont testées.

En ce qui concerne les autres essais, on doit se contenter de rassembler des déclarations éparses provenant de nombreux porte-parole militaires. En 1989, la Défense nationale a confirmé que les Américains procédaient à des essais d'un système d'attaque de nuit pour avion de combat (LANTIRN), un dispositif de première importance pour mener à bien une guerre moderne, et à des manœuvres d'avions à décollage et à atterrissage vertical (AV-8B). Selon un porte-parole du ministère, cité par la Presse canadienne, c'est par inadvertance que ce type d'essais a été révélé publiquement[7]. Pourtant, la description de ces deux essais était du domaine public depuis le 31 août... 1987 lorsque l'officier chargé de l'accès à l'information envoya à l'organisation Project Ploughshares des documents très complets sur le sujet.

Chapitre 18

Bactéries et molécules

Un des secrets les mieux gardés jusqu'ici est la participation canadienne aux recherches occidentales sur les armes chimiques et bactériologiques, un sujet qui a pris de l'importance avec le conflit entre l'Irak et la coalition multinationale. Ces recherches, qui ont commencé quelques années avant le déclenchement de la Seconde Guerre mondiale, se poursuivent toujours. Jusqu'en 1989, elles n'étaient connues que d'un petit groupe de spécialistes des questions militaires. En 1988, à la suite d'un accident survenu deux ans auparavant, alors que des chercheurs travaillant au Centre de recherches pour la défense à Suffield, en Alberta, avaient été exposés à un gaz neurotoxique, le ministre de la Défense, Perrin Beatty, commanda un examen des politiques et des programmes adoptés par le ministère de la Défense nationale en matière de défense chimique et bactériologique. L'ancien ambassadeur William Barton fut chargé d'effectuer cet examen et de «déterminer si les activités du ministère de la Défense nationale dans ce domaine ont bel et bien un caractère défensif et si elles sont menées avec rigueur, sans menacer la sécurité publique ni l'environnement[1]».

Barton fit diligence. Le 25 janvier 1989, six mois après avoir reçu son mandat du ministre, l'ancien diplomate publiait son rapport. Ses conclusions allaient toutes dans le sens des déclarations gouvernementales sur la politique canadienne en ce qui concerne la défense chimique et bactériologique. Ainsi, le rapport Barton «pouvait garantir que la politique du gouvernement du Canada, selon laquelle le pays ne doit disposer que des agents chimiques et biologiques nécessaires pour lui assurer une capacité de protection, est pleinement respectée en tout temps, et que toutes les activités de défense chimique et bactériologique au Canada sont menées avec rigueur et ne constituent aucune menace, quelle qu'elle soit, pour la sécurité publique et pour l'environnement». De plus, le rapport concluait que les activités de recherche, de développement et d'instruction menées par le ministère de la Défense nationale dans ce domaine «ne visaient que des fins d'autodéfense» et ne «laissaient planer aucun risque pour la santé». Barton formulait néanmoins 16 recommandations «destinées à améliorer les mécanismes de gestion et de régie du programme de défense chimique et bactériologique et à mieux faire comprendre au public ce qu'il en est».

Les recommandations du rapport Barton furent rapidement acceptées par le ministre Beatty qui annonça même, dans un souci de transparence peu commun à la Défense nationale, qu'il avait invité une délégation militaire soviétique à visiter les installations de recherche canadiennes sur les armes chimiques et bactériologiques. Dix scientifiques et experts soviétiques visitèrent la base de Suffield le 16 juillet 1989.

L'intérêt du rapport Barton fut d'exposer au grand public les activités canadiennes en matière de recherche sur les armes chimiques et bactériologiques. Selon William Barton, un grand nombre de citoyens sont inquiets de ces activités et cela n'est pas normal. «À mon avis, écrit-il dans son rapport, le grand public confond inévitablement les programmes de défense CB (chimique et bactériologique) du Canada et de ses alliés et amis de l'Ouest avec la guerre CB. La défiance de la population tient, d'une part, à un manque de connaissances sur les éléments essentiels de la défense CB et, d'autre part, au secret qui entoure les travaux en cette matière.» Barton recommanda que le ministère de la Défense nationale publie chaque année un rapport détaillé sur la défense CB.

En août 1990, un premier rapport, intitulé *Examen du programme de défense chimique et biologique,* était rendu public par le ministère. Ce document et le rapport Barton renferment une foule d'informations jamais publiées auparavant. Ainsi, ils décrivent comment fonctionne toute l'infrastructure de recherche et de développement, les types d'armes chimiques qui sont testées tant en laboratoire que sur des polygones d'essais en plein air, la mise au point du matériel de protection et d'antidote, les liens scientifiques et militaires entre le Canada et plusieurs autres pays ainsi que les programmes de destruction des armes chimiques et biologiques. «Des recherches sur la défense chimique et biologique sont menées au Centre de recherches pour la défense à Suffield (CRDS), en Alberta, et au Centre de recherches pour la défense à Ottawa (CRDO). De plus, certains projets sont menés à l'Institut militaire et civil de médecine environnementale (IMCME) de Downsview et d'autres sont réalisés dans le cadre de marchés conclus avec des entreprises canadiennes, dans des universités, dans des centres de recherche provinciaux et au Royal Military College», peut-on lire dans le rapport Barton. Dans ces différentes institutions, les scientifiques, dont une centaine sont au service du gouvernement, s'occupent de questions comme l'évaluation des risques, la détection, la décontamination, les aspects médicaux et la production de matériel de protection (masques à gaz et combinaisons).

Actuellement, les laboratoires gouvernementaux mènent de front plusieurs projets destinés à mettre au point des produits techniques et médicaux pour lutter contre les armes biologiques et chimiques. Ainsi, dans le domaine de la protection des personnes, le Centre de recherches pour la défense d'Ottawa a développé un nouveau masque à gaz, le

C4, qui remplacera bientôt les anciens masques perméables à de nouvelles substances chimiques, qui ne laissaient qu'un champ de vision très limité et qu'il fallait enlever si on voulait absorber un liquide. Le CRDO travaille aussi à la fabrication de vêtements de protection individuelle intégrés pour les Forces armées canadiennes. Auparavant, chaque vêtement ou pièce d'équipement protecteur était fabriqué séparément, ce qui rendait la tâche de protection complexe. Aujourd'hui, on tente d'intégrer autant de fonctions que possible dans le plus petit nombre possible de pièces d'équipement. En ce qui concerne la décontamination, le Centre de recherches pour la défense de Suffield tente de mettre au point une lotion pour la peau conçue pour décontaminer ou neutraliser les agents chimiques, ainsi que des décontaminants doux pour le matériel de guerre qui ne détruiraient pas la peinture, les métaux, les matériaux composites et les plastiques utilisés dans la fabrication d'appareils de haute technologie comme les avions CF-18. Enfin, le CRDS tente de mettre au point un antidote, le HI-6, contre des agents neurotoxiques comme le soman qui en s'attaquant au système nerveux d'une personne peuvent entraîner la mort. L'antidote pourrait être administré quelques secondes après qu'un soldat a détecté la présence de l'agent neurotoxique.

Pour mener à bien cet ensemble de recherches sur la défense biologique et chimique, les scientifiques ont recours à des essais en laboratoire ou en plein air sur des animaux ou des êtres humains. Dans le dernier cas, on limite de plus en plus la participation de volontaires à ces essais qui peuvent être dangereux, comme le rappelle une controverse qui a éclaté en novembre 1990 sur le développement de l'antidote HI-6[2]. Selon des volontaires qui participaient aux tests, le ministère de la Défense aurait omis de les informer des risques que l'antidote soit cancérigène. Le ministère a nié que le produit le soit mais s'est vu imposer par le ministère de la Santé l'utilisation d'un nouveau formulaire de recrutement où il serait spécifié que l'antidote est potentiellement cancérigène.

Selon le rapport Barton, «les essais réalisés dans les centres de recherches pour la défense qui supposent l'utilisation de volontaires doivent au préalable faire l'objet d'un examen rigoureux par lequel on en détermine la nécessité, et être approuvés par des comités de déontologie formés, notamment, de représentants locaux de milieux médicaux non associés à l'État». Le rapport souligne cependant qu'on n'a pas réalisé «d'essais comportant l'exposition d'humains non protégés à des agents de combat chimiques depuis la fin des années soixante».

*

Il n'en a pas toujours été ainsi depuis que le Canada participe aux recherches occidentales sur les armes biologiques et chimiques. La question de la sécurité des chercheurs et des volontaires est une des plus controversées du programme de défense biologique et chimique. Les cas d'accidents sont rarement rendus publics et lorsque c'est le cas, la confusion règne sur la nature des blessures qu'ont subies les victimes. Le rapport Barton souligne que pendant la Seconde Guerre mondiale et après, un grand nombre de militaires et plusieurs civils ont participé volontairement à des essais comportant l'utilisation d'agents chimiques. Barton ne cite aucun cas d'accident grave et écrit qu'il n'est pas dans son intention «de discuter le mérite de ces programmes, puisqu'ils sont interdits par des politiques qui sont en vigueur depuis une vingtaine d'années déjà et qui limitent strictement l'ampleur des essais et le recours aux volontaires». Dans son exposé annuel d'août 1990, le ministère de la Défense nationale maintient le même silence. Toutefois, en septembre 1988, la Défense nationale a établi un service téléphonique spécial grâce auquel les personnes qui ont participé à des programmes d'essais liés à la défense chimique peuvent demander d'être soumises à un examen médical. Au cours des cinq mois suivants, le service a reçu 132 appels qui ont été «transférés à des services compétents», selon un porte-parole du ministère[3].

Si le rapport Barton et le ministère gardent le silence sur les conséquences des recherches sur la défense biologique et chimique impliquant des personnes, un journaliste du *Toronto Star*, John Bryden, en a révélé tout le drame dans son livre intitulé *Deadly Allies, Canada's secret war 1937-1947*, publié à la fin de 1989. Bryden raconte comment le Canada a participé avec un rare zèle à la production et à l'essai d'armes biologiques et chimiques de 1937 à 1947. Cette histoire est tellement délicate et explosive que John Bryden a eu, un demi-siècle après les événements, un mal fou à avoir accès aux documents nécessaires à la rédaction de son bouquin. Le gouvernement n'a pas voulu lui permettre de consulter plus de 4 000 pages de documents relatifs aux expériences biologiques et chimiques, alléguant que ces expériences se faisaient de concert avec les États-Unis et la Grande-Bretagne et qu'il faut l'autorisation de toutes les parties pour rendre un document public. Malgré cela, grâce à des documents des archives nationales canadiennes et américaines et aux notes personnelles de scientifiques, d'hommes politiques et de militaires canadiens, Bryden a révélé, pour la première fois, qu'entre 1937 et 1947 le Canada a développé plusieurs types d'armes biologiques et chimiques; qu'il était prêt à les utiliser contre le Japon en 1945 et contre l'Union soviétique un an plus tard; que l'armée a procédé à des expériences de gaz moutarde sur quelque 1 000 soldats canadiens et que les politiciens ne furent jamais informés de l'ampleur des recherches effectuées par les différents laboratoires civils et militaires à travers le Canada. Le livre de Bryden est unique, car il n'existe pas à ce jour d'histoire détaillée des recherches occidentales sur ce type d'arme pendant la Seconde Guerre mondiale.

C'est par hasard que John Bryden s'est intéressé à cette page oubliée de notre histoire politique et militaire. En 1987, en lisant un article sur la guerre bactériologique paru dans *Scientific American,* il remarque une photo datant de 1944 où l'on peut apercevoir une délégation de scientifiques visitant un laboratoire américain. La plupart des savants sont des Canadiens. «Je me suis immédiatement demandé pourquoi l'article ne faisait pas référence aux travaux effectués au Canada, raconte-t-il. J'ai donc décidé d'aller voir de plus près[4].»

Tout a commencé en 1937, lorsque certains militaires, soutenus par plusieurs scientifiques, conclurent que le Canada devait absolument se doter d'armes chimiques pour faire face à une guerre qu'on sentait poindre à l'horizon. Discussions, voyages aux États-Unis et en Grande-Bretagne, consultations de toutes sortes amenèrent les intéressés à s'engager, dans le plus grand secret, à entreprendre la production d'agents biologiques et chimiques pouvant servir à la destruction de plantes, d'animaux et d'êtres humains. Dans leur désir d'accélérer les recherches et d'attirer des ressources et de la main-d'œuvre, ils recrutèrent même Sir Frederick Banting, Prix Nobel de médecine, inventeur de l'insuline et farouche partisan de la guerre chimique contre les Allemands qu'il qualifiait de Huns. Grâce à l'argent de quelques financiers, puis à l'aide du gouvernement, les membres du Comité de guerre chimique et bactériologique, qui avait été mis sur pied par Ottawa, firent construire une série de laboratoires à Suffield, en Alberta, à Grosse Île, au sud de Québec, à Kingston, en Ontario, et au Centre national de recherches à Ottawa. «Le complexe mis sur pied par le Canada était impressionnant. En fait, jusqu'en 1945, il fut le plus important de toutes les nations alliées», selon Bryden. Aujourd'hui, une partie importante de cette infrastructure existe toujours et est utilisée aux mêmes fins.

Selon Bryden, de 1937 à 1947, les scientifiques canadiens travaillèrent à 36 projets. Ils produisirent une grande quantité d'anthrax, une bactérie infectieuse qui peut être mortelle lorsqu'on l'avale ou la respire, dans un laboratoire de Grosse Île situé au milieu du Saint-Laurent; ils fabriquèrent également du gaz moutarde, des toxines botuliques, et procédèrent même à l'élevage de mouches pouvant transporter des virus pour déclencher des épidémies parmi les animaux et la population. Les produits étaient pour la plupart mortels. Ainsi, une portion aussi petite qu'une tête d'épingle de toxines botuliques, qui proviennent d'aliments avariés, peut tuer en une fraction de seconde. Mais plus que dans la production, c'est dans l'essai de ces armes que le Canada acquit une certaine distinction auprès de ses Alliés. «Le Canada a fait preuve d'un zèle pour le moins surprenant dans les essais humains de ces armes, dit Bryden. Alors que les Britanniques avaient supprimé ces essais et que l'armée américaine les avait interdits, le Canada offrit ses laboratoires et ses soldats aux deux alliés.»

À Suffield, en Alberta, quelque 1 000 soldats canadiens durent se soumettre à des essais au gaz moutarde sans qu'on leur expose clairement la gravité des conséquences de ces essais pour leur santé. On racontait à ces volontaires que leurs services étaient demandés pour des expériences chimiques sous contrôle scientifique et qu'ils n'auraient pas à subir la moindre blessure. «Cela était faux, dit Bryden. Causer des blessures était le but du programme.» Même si la plupart des soldats portaient des masques, de nombreuses expériences se déroulèrent sans protection. Un soldat mourut à la suite d'atroces souffrances alors que la plupart durent être hospitalisés pendant une trentaine de jours, souffrant de cécité, de brûlures, de lésions graves et d'inflammations glandulaires. En plus de ces expériences se déroulant régulièrement sous l'observation de militaires et de scientifiques américains et britanniques étonnés et admiratifs, le Canada offrit même d'envoyer des «volontaires» se faire gazer dans les centres d'essais américains parce que les États-Unis n'arrivaient pas à en recruter chez eux et que les règlements de l'armée américaine sur les essais chimiques étaient très sévères.

Les dossiers des cobayes humains du centre d'essais de Suffield n'ont jamais été rendus publics et ne le seront sans doute pas avant quelques années. Bryden a dû se rabattre sur des témoignages d'anciens militaires et sur des archives américaines pour étayer le chapitre de son livre portant sur les expériences humaines. «Si les dossiers ne sont pas accessibles, affirme-t-il, ce n'est pas dû à la nature ultrasecrète des informations qu'ils contiennent mais bien aux descriptions horribles des expériences qui y sont consignées.»

Aujourd'hui, il semble que les expériences de défense biologique et chimique menées dans les laboratoires du ministère de la Défense nationale ainsi que les exercices auxquels doivent se soumettre toutes les recrues et officiers pendant leur séjour dans l'armée ne mettent pas en danger la vie et la santé des soldats, ni celle des scientifiques et des civils qui y prennent part. Toutefois, le livre de Bryden et le secret qui entoure les recherches sur les armes chimiques et biologiques ne permettent pas d'affirmer que tout danger est écarté[5].

CINQUIÈME PARTIE

La mission de paix

Chapitre 19

Un Nobel pour le Canada

Lorsque, le 3 novembre 1956, Lester B. Pearson, alors secrétaire d'État aux Affaires extérieures du Canada, présente devant l'Assemblée générale des Nations unies une résolution prévoyant la création d'une force d'urgence pour s'interposer entre les belligérants dans la crise de Suez, il ne peut imaginer que ce geste aura un grand retentissement à travers le monde et donnera au Canada ses lettres de noblesse dans la diplomatie internationale.

Depuis cinq jours, les troupes égyptiennes et israéliennes se livrent à des combats acharnés autour du canal de Suez récemment nationalisé par le gouvernement de Nasser. Furieux de l'attitude du gouvernement égyptien, la France et la Grande-Bretagne interviennent avec Israël, qui a attaqué l'Égypte. Les forces militaires françaises et britanniques bombardent Port-Saïd et lâchent des parachutistes sur le canal. La tension est à son comble au Proche-Orient et les Soviétiques menacent d'intervenir directement si le statu quo n'est pas rétabli, parlant même de jouer avec leurs armes nucléaires. À Washington, les Américains redoutent un dérapage et n'apprécient guère l'intransigeance de Paris et de Londres, qui rejettent systématiquement les résolutions américaines à l'ONU appelant à un cessez-le-feu. Eisenhower force les Britanniques à se retirer, poussant les Français à faire de même. Abandonnés, les Israéliens se retrouvent seuls et, de concert avec les autres parties, acceptent un cessez-le-feu le 6 novembre.

Aux Nations unies, au cours des discussions qui ont lieu dans les premiers jours du conflit, le Canada affine ses positions encore un peu confuses. Ainsi, le 1er novembre, le Canada s'abstient de voter en faveur d'une résolution américaine de cessez-le-feu parce que Pearson pense qu'il est inutile de voter une telle déclaration si elle n'est pas suivie d'une intervention des Nations unies dans le conflit. «Le temps est venu pour que les Nations unies, en plus d'établir un cessez-le-feu, soient présentes dans la région et surveillent le cessez-le-feu, tout en prenant des dispositions conduisant à une solution politique», écrit-il dans ses Mémoires[1]. Pearson veut que l'ONU crée une force d'intervention pour garantir la paix et le cessez-le-feu.

Deux jours plus tard, alors que la zone du canal est soumise à un intense bombardement franco-britannique, Pearson présente sa résolution pour la création de la Force d'urgence des Nations unies (FUNU). La réception est bonne et les délégations débattent et finalement adoptent la résolution durant la nuit du 3 au 4 novembre. Le 6 novembre, le cessez-le-feu est accepté et le lendemain, l'Assemblée générale, par 57 voix contre 0, approuve officiellement la création de la FUNU. C'est un Canadien, le lieutenant-général Tommy Burns, qui commande la Force dont les premiers effectifs arrivent en Égypte le 15 novembre mais sans troupes canadiennes. La participation du Canada a tourné au vaudeville lorsque les Égyptiens ont appris que le ministère canadien de la Défense avait désigné deux unités militaires, le Queen's Own's Rifles, de Calgary et le Black Watch, pour se joindre à la force. Nasser trouvait que cela faisait trop britannique. Ottawa décida donc d'envoyer un escadron de transport aérien et 300 agents administratifs pour s'occuper des 6 000 soldats de l'ONU provenant de 10 pays. Les Casques bleus étaient créés. Ils devaient entrer dans l'imaginaire collectif et recevoir le prix Nobel de la paix en 1988 pour l'ensemble de leurs activités.

La détermination de Lester B. Pearson lui valut aussi le prix Nobel de la paix en 1957. Mais plus encore, la mise sur pied des Casques bleus allait devenir le symbole d'une certaine efficacité des Nations unies.

Si les opérations de maintien de la paix de l'ONU gagnèrent en crédibilité et en efficacité avec la création des Casques bleus en 1956, elles étaient nées bien avant cela. Les Nations unies avaient pour mission de promouvoir la paix et dès 1948, dans le conflit opposant Israël et ses voisins arabes, l'organisation internationale fut mise à contribution. L'Organisme des Nations unies chargé de la surveillance de la trêve en Palestine (ONUST) devint la première mission de paix à assurer la surveillance du cessez-le-feu entre belligérants et à effectuer des enquêtes sur les infractions à l'armistice. Depuis, l'ONU a mis sur pied 20 missions de maintien de la paix dont 9 étaient toujours en opération en mars 1991. L'action des Nations unies dans ce domaine a aussi contribué à la mise sur pied, en dehors du cadre onusien, de missions de paix indépendantes. Dix-huit missions ont été créées pour intervenir en Afrique, au Viêt-nam, au Moyen-Orient et en Amérique latine.

Le Canada ne fit jamais faux bond à ces missions de paix même quand leur crédibilité fut mise en doute. Le chaos qui régnait au Congo (Zaïre), la partialité dont fut accusée la Commission internationale de surveillance et de contrôle au Viêt-man, l'échec de la première mission à Chypre n'entamèrent pas la détermination du gouvernement canadien d'encourager l'intervention des Nations unies. Ottawa participa à toutes les missions de l'ONU et à trois missions indépendantes. Sur une période de quarante-deux ans, plus de 80 000 soldats canadiens furent envoyés dans une quinzaine de pays, principalement en Israël, en Égypte, au Liban et à Chypre. Aujourd'hui, le Canada participe à sept missions des Nations unies: la Force des nations unies chargée d'ob-server le désengagement entre Israël et la Syrie, l'Organisme des Nations unies chargé de la surveillance de la trêve de 1949 entre l'Égypte, Israël, le Liban, la Jordanie et la Syrie, le Groupe d'observateurs militaires des Nations unies entre le Pakistan et l'Inde, la Mission de bons offices des Nations unies en Afghanistan et au Pakistan, le Groupe d'observateurs militaires en Iran-Irak, le Groupe d'observateurs des Nations unies en Amérique centrale, et la Force des Nations unies chargée du maintien de la paix à Chypre. Pour rendre hommage aux militaires qui participent à ces missions, le gouvernement canadien a commandé un monument qui s'élèvera dans le centre d'Ottawa en 1992 en l'honneur de leurs actions pour la paix. Il constituera le seul monument de ce type au monde.

Chapitre 20

Une équipée à Chypre

En arrivant à l'aéroport de Larnaca, à Chypre, en mai 1990, le voyageur n'a pas l'impression que cette petite île de la Méditerranée, à quelques kilomètres du baril de poudre qu'est devenu le Proche-Orient avec ses conflits millénaires, est divisée en deux depuis seize ans et que deux armées y demeurent toujours sur un pied de guerre. C'est tout juste si on remarque les avions militaires et les hangars qui servent de point d'appui à la Force des Nations unies chargée du maintien de la paix à Chypre (UNFICYP) depuis 1964. Tout autour de l'aéroport et tout au long de la route qui mène à la capitale, Nicosie, des maisons neuves, des commerces récents et une nouvelle autoroute reflètent une impression de grande prospérité économique et de vie bien tranquille. Pourtant les soldats ne manquent pas sur cette île qui a connu des affrontements intercommunautaires très sanglants et une guerre meurtrière en 1974.

Au quartier général de l'UNFICYP, en banlieue de Nicosie, le briefing que je reçois est très laconique. On y expose la mission et les rôles de la force des Nations unies, pas les causes ni les raisons du conflit. La stricte neutralité doit être respectée par les représentants de l'ONU si la force de paix veut pouvoir continuer à assumer ses responsabilités. Il faut donc se renseigner ailleurs.

*

L'histoire de Chypre est, comme celle de nombreuses autres nations multi-ethniques, douloureuse et complexe. Pourtant, tout avait bien commencé dans ce petit paradis qu'on désigne aussi comme l'île d'Aphrodite. Colonie britannique, l'île obtint son indépendance en 1960. Les deux communautés qui peuplent toujours le pays, les Grecs et les Turcs, s'étaient entendues, lors de longues négociations, pour que chacune trouve son compte dans le partage des responsabilités politiques et économiques.

Cela ne devait pas durer longtemps. L'incompréhension entre une majorité grecque (80 %) et une minorité turque (18 %) aboutit à la création de milices et à des combats intercommunautaires. Devant la gravité des événements, l'impasse dans les négociations entre les deux communautés et la menace d'un conflit armé entre deux membres de l'OTAN, la Grèce et la Turquie, les Nations unies sont saisies de l'affaire. Le 4 mars 1964, le Conseil de sécurité autorise la création de l'UNFICYP pour maintenir la paix entre les deux communautés qui ont déjà établi une ligne de cessez-le-feu, la «ligne verte», qui divise encore aujourd'hui Nicosie. La force doit être déployée rapidement car, le 11 mars, la Turquie menace d'envahir l'île. Devant l'urgence de la situation, Paul Martin, secrétaire d'État aux Affaires extérieures du Canada, se rend à New York pour discuter du problème. Deux jours plus tard, les premiers éléments de l'UNFICYP sont prêts à partir et le 15 mars le contingent canadien est le premier à se déployer.

En août 1964, les effectifs de la force atteignent 6 200 hommes de neuf pays dont 1 100 Canadiens. Pour assurer la sécurité de la population et dissuader les deux communautés d'engager le combat, l'île est divisée en cinq districts patrouillés par les forces d'un des pays membres de la force onusienne. Les forces de l'ONU devaient rester trois mois à Chypre. Elles y sont encore.

En 1974, après avoir passé dix ans sur place, les forces de l'UNFICYP furent réduites à 2 200 membres; le dialogue intercommunautaire semblait en bonne voie de résoudre les problèmes politiques. C'était sans compter sur les interventions extérieures, la puissance des milices de chaque côté et les partisans du rattachement avec la Grèce. Le 15 juillet 1974, la garde nationale chypriote, manipulée par la junte militaire au pouvoir à Athènes, déclenche un coup d'État contre le président Makarios qui parvient à s'échapper. Les combats entre Grecs feront 300 morts. Cinq jours plus tard, la Turquie déclenche l'opération Attila. Des milliers de soldats débarquent près de la petite ville de Kyrenia, dans le nord de l'île, et atteignent Nicosie en quelques jours pour «protéger» la communauté turque contre les attaques grecques. Entre temps, la junte d'Athènes s'écroule ainsi que celle qui avait chassé Makarios de Nicosie. Le 24 juillet, on adopte un cessez-le-feu qui sera rompu le 14 août. Les Turcs en profitent pour déporter en Turquie plusieurs milliers de Chypriotes grecs. Mille sept cents d'entre eux ne reviendront pas; ils seront massacrés quelque part en Anatolie entre 1975 et 1980. Du 14 au 24 août, l'armée turque déclenche l'opération Attila 2. «Les 38 % du nord de l'île sont entre les mains de la Turquie — ce qui représente 70 % du PNB. 4 000 Chypriotes grecs sont morts, 2 000 disparus et 180 000 (sur une communauté de 600 000 âmes), traumatisés, s'installent au sud dans des abris de fortune. L'armée turque n'a perdu que 500 hommes», écrit Christophe Chiclet du quotidien *Le Monde*[1]. Le rêve turc est enfin réalisé: la séparation de l'île en deux et la disparition de l'État chypriote, qui représente pour les Turcs une création totalement fictive.

C'est dans ce contexte extrêmement tendu que les troupes de l'UNFICYP reçoivent des renforts des Nations unies. Les effectifs sont doublés pour atteindre 4 400 membres. Le travail n'est plus seulement d'éviter les querelles communautaires mais de faire respecter le nouveau cessez-le-feu entre les troupes turques et les Chypriotes grecs. La «ligne verte» qui divisait Nicosie dans les années soixante s'étend à toute l'île. Au nord, on trouve le territoire turc qui s'appelle depuis quelques années la République turque du nord de Chypre et qui n'est reconnue que par la Turquie, et au sud, ce qui reste de la République chypriote. Le contingent de l'ONU a été réorganisé. Désormais, les forces de quatre pays, le Canada, le Danemark, l'Autriche et la Grande-Bretagne, sont installées sur la «ligne verte» avec accès au territoire chypriote grec seulement. Cette bande de terrain, qui sert de zone tampon entre Turcs et Chypriotes grecs, est sous le contrôle exclusif de l'UNFICYP et sa largeur varie entre 20 mètres, à Nicosie, et 7 kilomètres dans la campagne.

*

Le contingent canadien à Chypre est actuellement le deuxième en importance après celui des Britanniques. Mais le secteur qu'il contrôle et patrouille est le plus dangereux. Le Canada a hérité du secteur trois qui comprend la ville de Nicosie et une bande de terrain qui s'étend vers l'est jusqu'au petit village de Louroujina. Là, le secteur autrichien commence.

Après une visite de courtoisie au siège de l'UNFICYP, j'arrive au quartier général du contingent canadien qui occupe, à quelques mètres de la vieille ville de Nicosie, un ensemble de bâtiments dont le plus spectaculaire est le Ledra Palace, un hôtel de grand luxe abandonné lors de l'invasion de 1974 et aujourd'hui en rénovation. Ses façades sont criblées de balles et endommagées par des bombes. Les forces canadiennes ont lutté pour que cet hôtel soit épargné et placé sous la responsabilité de l'ONU. Depuis lors, la plus grande partie du contingent canadien d'environ 575 membres loge dans cet édifice aux chambres spacieuses mais décrépites et inconfortables. Ici règne une frugalité toute militaire et le seul luxe que se permettent les soldats, c'est la piscine et le bronzage sous des températures atteignant quelquefois 46 °C.

Le Ledra Palace, en plus de servir de quartier général au contingent canadien, constitue le point de contrôle du seul passage de l'île entre les deux communautés. Le passage est constitué d'une petite route d'environ 200 mètres bordée de fils barbelés, de tonneaux et de sacs de sable. À l'entrée sud, des drapeaux chypriote et grec ainsi qu'une large banderole demandant la réunification avec le nord accueillent les visiteurs. À l'entrée nord, les drapeaux de la Turquie et de la République du nord flottent sur la guérite des gardiens. Régulièrement depuis un an, des manifestations ont lieu à l'entrée sud; les Chypriotes grecs n'hésitent pas à pénétrer dans la zone tampon et même en zone turque pour demander un règlement au conflit. Les bérets bleus canadiens regardent ces scènes du haut du Ledra Palace sans pouvoir intervenir.

En ce mois d'avril 1990, ce sont les soldats du 2e bataillon d'infanterie Princess Patricia's Canadian Light Infantry qui sont installés dans le camp canadien. Tous les six mois depuis vingt-six ans, le Canada remplace son contingent par un autre bataillon. Celui-ci vient à Chypre pour la quatrième fois et plusieurs soldats connaissent bien l'endroit. Au mess des officiers, un beau cottage aux vastes pièces fraîches et aérées bâti il y a plusieurs décennies, le capitaine Dave Gosselin m'attend pour discuter de mon séjour dans l'île. Visites, briefings, dîners, rencontres et discussions sont à l'horaire pour la prochaine semaine.

La décision du Canada d'envoyer un contingent à Chypre fut prise très rapidement, comme on l'a vu plus haut. Immédiatement après la création de la force, le 4 mars 1964, le Canada est le premier pays à approuver l'envoi d'un détachement de 1 100 hommes qui débarquent sur l'île le 15 mars. Douze jours plus tard, la force des Nations unies est pleinement opérationnelle. La promptitude de l'intervention canadienne est telle que certains n'ont pas hésité à écrire «que c'est Paul Martin, le secrétaire d'État aux Affaires extérieures du Canada, qui sauva la paix dans cette période de grande tension internationale[2]», car la Turquie menaçait d'intervenir directement. Ottawa convainquit la Suède, la Finlande et l'Irlande de joindre la force onusienne. Un bataillon du Royal 22e Régiment d'infanterie de Valcartier et une unité de reconnaissance des Royal Canadian Dragoons furent envoyés sur place.

Maintenir la paix et faire respecter la ligne de cessez-le-feu à Chypre n'est pas une tâche facile. La guerre de 1974, avec son cortège de dévastations, de disparitions et de massacres ainsi que le déplacement du tiers de la population, a laissé des traces profondes au sein des deux communautés. Au nord, les 140 000 Turcs sont repliés sur eux-mêmes et encadrés par une force armée de 30 000 hommes, dont 90 % viennent de la Turquie. Au sud, la république de Chypre, avec ses 550 000 habitants, entretient une armée de 13 000 soldats, dont 3 000 proviennent de la Grèce, et une force paramilitaire de 30 000 hommes. À cela s'ajoute la présence de deux bases navales britanniques abritant 4 200 hommes et la force de 2 200 hommes des Nations unies. Chypre est un des territoires les plus militarisés du monde. Et, pour ne pas arranger les choses, les deux communautés se livrent à de nombreuses provocations verbales ou physiques. La plus spectaculaire est l'immense drapeau de la République turque du nord que les habitants ont construit sur le versant sud des magnifiques montagnes Kerynia face à Nicosie, qui nargue quotidiennement les Chypriotes grecs.

Ce sont les Canadiens qui contrôlent et patrouillent la «ligne verte» au cœur de Nicosie. Cette ligne, tracée en 1964 pour séparer les deux communautés, est devenue en 1974 une zone tampon où seuls les soldats de l'UNFICYP peuvent circuler. La ligne suit le parcours de plusieurs rues de la vieille ville. Sur une largeur de 20 mètres, les habitants en ont été expulsés. Les rues qui traversaient la ville en sens opposé ont été coupées en deux et les deux communautés ont érigé des barricades et des guérites pour se surveiller, s'insulter et parfois se tirer dessus. À certains endroits, la zone tampon est si étroite que les soldats ennemis peuvent facilement discuter. Au milieu de ce nid de guêpes, les soldats canadiens guettent. Ils sont divisés en quatre pelotons d'environ 10 à 30 soldats chacun qui vivent dans quatre camps: Irish Bridge, Maple House, Fresenberg House et Ledra Palace. Un système de rotation permet de tromper l'ennui en déplaçant les pelotons d'un camp à l'autre ou vers les camps de la zone tampon dans la campagne toutes les six semaines. Les seules armes dont disposent les Canadiens sont des pistolets et des carabines servant à assurer leur sécurité personnelle. Ils ne peuvent les utiliser que si leur vie est en danger. Le contingent dispose aussi de jeeps et de petits véhicules blindés du type Grizzly armés d'une mitrailleuse.

La visite de la «ligne verte» commence par le camp Irish Bridge, situé dans l'ancien quartier des ambassades de Nicosie. La végétation est luxuriante et le décor splendide: les vieilles ambassades sont toujours là, maisons magnifiques entourées de jardins mais criblées de balles. Les soldats disposent d'une petite maisonnette avec plusieurs chambres, une cuisine, une salle de séjour et une terrasse. Rien à l'horizon sinon des soldats chypriotes grecs à quelques pas. Le deuxième camp, Maple House, semble plus actif car il se trouve au cœur de la vieille ville. La maison de deux étages ressemble à un bunker et les 30 soldats y vivent à l'étroit. En juillet et août, la chaleur transforme l'endroit en un véritable four. Le bâtiment est entouré de maisons et de rues abandonnées, mais la zone tampon est si étroite à cet endroit qu'on voit facilement les habitants des deux secteurs vaquer à leurs occupations et les soldats chypriotes grecs et turcs monter la garde dans leur secteur. De Maple House à

Frezenberg House, au bout de la ligne verte de Nicosie, j'emprunte, avec un capitaine et un lieutenant canadiens, une rue complètement abandonnée où toutes les habitations ont été transformées en un immense mur de briques et de sacs de sable. La plupart des portes et des fenêtres sont barricadées mais on peut apercevoir, à l'intérieur des maisons, des tables avec leurs couverts toujours mis et des ateliers pleins de matériel. Au coin d'une rue, un café semble prêt à recevoir des clients. Près de Maple House, on trouve dans le sous-sol d'une maison un stationnement où des dizaines de voitures poussiéreuses attendent toujours leurs propriétaires. La guerre de 1974 a été si violente et si rapide que les habitants du quartier sont partis en abandonnant tout sur place. Nous marchons lentement pour éviter d'attirer l'attention des soldats turcs et chypriotes grecs et atteignons sans encombre Frezenberg House, point final de la tournée en ville.

Le travail des soldats canadiens en ville est routinier et assez ennuyant: patrouille, entretien des équipements, exercices physiques. Des événements troublent parfois cette routine. Dans les années soixante-dix, plusieurs Canadiens ont été tués par les balles de tireurs isolés. La plupart du temps, les bérets bleus se font insulter par les soldats des deux côtés ou passent des minutes extrêmement tendues à argumenter avec les uns et les autres pour qu'ils respectent la ligne de cessez-le-feu. Mais les six mois de service que doivent effectuer les soldats canadiens à Chypre sont marqués par une profonde monotonie et nulle part ailleurs que dans la zone tampon de la campagne cet ennui n'est autant ressenti.

Le camp CS-52 est l'un des quatre camps canadiens situés en dehors de Nicosie. Les trois autres se nomment Ortona, Liri et Berger, ce dernier étant le seul campement de toute la force des Nations unies a être établi en zone turque. Le camp CS-52 ne paie pas de mine. Une petite baraque minable où vivent, pendant six semaines, quelques soldats qui, au moment de ma visite, ressemblent plus à des ouvriers exténués prenant une pause qu'à des soldats aux bottes bien cirées. Le paysage n'est pas vilain, mais après avoir passé jusqu'à douze heures en haut d'une guérite à scruter, sous un soleil de plomb, de vastes champs pour voir si des soldats turcs ou chypriotes grecs ne tentent pas de s'infiltrer sur le territoire adverse, les soldats en ont marre. Lorsqu'ils se reposent, ils regardent des vidéos ou la télévision, lisent des journaux ou avalent leur repas. Pas question d'aller chercher des cigarettes ou même de sentir la rumeur de la ville. C'est le désert. Après six semaines dans ces conditions, le Ledra Palace avec ses murs criblés de balles et ses chambres inconfortables apparaît comme un paradis. Au camp Berger, la vie est un peu plus douce. Le campement est installé dans le petit village turc de Louroujina et les contacts entre bérets bleus et habitants sont fréquents. Le cuisinier du camp est un Turc et personne ne se plaint. Une vingtaine de Canadiens y vivent.

*

Les bérets bleus stationnés à Chypre, comme toutes les forces des Nations unies déployées à travers le monde, ont pour mission très générale de s'interposer entre les belligérants et de superviser le cessez-le-feu. Comme l'écrit Henry Wiseman, professeur à l'université de Guelph, en Ontario, et spécialiste des conflits internationaux, «le libellé des mandats ayant autorisé des opérations de maintien de la paix est très vague. Au plus fort d'une crise, il est peu probable que les 15 membres du Conseil de sécurité puissent s'entendre sur autre chose que des objectifs très généraux. Toute tentative pour les préciser engendrerait la discorde et risquerait de tout anéantir[3].» Il cite comme exemples les mandats des forces des Nations unies au Moyen-Orient, au Congo et à

Chypre. Le premier mandat se lit ainsi: «exige que soit observé un cessez-le-feu complet et immédiat... et décide de mettre sur pied sans délai... une Force d'urgence des Nations unies qui se composera d'effectifs provenant d'États membres des Nations unies, à l'exception des membres permanents du Conseil de sécurité». Le deuxième: «fournir au gouvernement (du Congo) toute l'aide militaire voulue en attendant... que des forces de sécurité nationale soient en mesure, de l'opinion du gouvernement, de remplir pleinement leur rôle». Enfin, dans le cas de l'UNFICYP, on peut lire: «avec le consentement du gouvernement de Chypre... de tout mettre en œuvre pour empêcher une reprise des combats et, au besoin, de contribuer au maintien et au rétablissement de l'ordre et de favoriser le retour à la normalité». Avec cela en poche, le secrétaire général des Nations unies, responsable des missions de paix, doit interpréter les mandats qui lui sont confiés et surtout les mettre à exécution.

Si la plupart des mandats ont donné lieu à des opérations de petite envergure et de courte durée, ce n'est pas le cas avec Chypre. Après vingt-six ans de présence, l'UNFICYP ne sert pas seulement à maintenir la paix. Les bérets bleus sont engagés dans une foule d'activités exigeant un personnel compétent et spécialisé: interdire les infiltrations; favoriser l'exécution de travaux d'agriculture; fournir des services humanitaires; visiter des communautés isolées dans le territoire adverse; négocier l'approvisionnement en électricité ou en eau; transporter le courrier, etc. C'est une véritable administration parallèle qui s'est installée et certains se demandent si elle n'empêche pas, par son efficacité, la reprise de négociations sérieuses entre les deux communautés.

*

Les bérets bleus canadiens à Chypre sont souvent exaspérés par la mission qu'ils accomplissent. D'abord, certains ne se sentent pas en sécurité avec leur petit fusil contre les armes des 70 000 soldats et miliciens des deux côtés. «Il arrive souvent, lors d'une patrouille, qu'un soldat turc ou chypriote grec pointe son arme sur nous et nous menace. Alors que faire? Si on sent que notre vie est en danger, on peut utiliser notre arme. Mais je vous jure qu'on sera criblé de balles avant même d'avoir levé un doigt», explique un soldat du contingent. Dans une telle situation, les bérets bleus peuvent rapporter l'incident, grâce à leur radio portative, et demander l'intervention d'un supérieur. Ce n'est pas si simple que ça en a l'air. Certes, les incidents sont déclarés et font l'objet d'une enquête. Mais les sanctions sont rares.

Lorsque la guerre de 1974 éclata, les bérets bleus se trouvèrent pris entre les deux camps, sans armes, et il s'en fallut de peu pour que plusieurs d'entre eux y laissent leur vie. Depuis 1964, 27 Canadiens sont morts à Chypre des suites de blessures par balle ou d'accidents. Les Canadiens patrouillent le secteur le plus sensible et le plus dangereux de la ligne de cessez-le-feu. Chaque matin, lors d'un briefing, un officier décrit les six ou huit incidents qui se sont déroulés au cours des vingt-quatre dernières heures entre des bérets bleus canadiens et des soldats des deux camps. «Lors d'un briefing dans le camp danois, les officiers de ce contingent nous ont expliqué la nature et le nombre des incidents qu'ils avaient dû affronter au cours des six mois de leur garnison. Eh bien, le nombre total d'incidents signalés en six mois équivalait à une semaine de notre côté», raconte un officier canadien qui a séjourné plusieurs fois sur l'île.

Les bérets bleus ne semblent pas toujours saisir la nature exacte de leur mission à Chypre. Certains voudraient se battre lorsqu'ils sont victimes d'agressions ou de menaces. D'autres estiment que l'ONU doit régler le problème ou quitter le pays. «Cela fait vingt-six ans que nous patrouillons ce pays et rien n'a changé, s'exclame un officier du peloton de Maple House. Nous sommes supposés être un élément de la solution. Je pense plutôt que le contingent est devenu une partie du problème.» Ces bérets bleus ne semblent pas faire la différence entre le «maintien de la paix et la réalisation de la paix», comme l'écrit Henry Wiseman. Ce sentiment d'impuissance ne trouve qu'un seul exutoire: le remplacement du contingent par un autre. Un des buts de la rotation des contingents à Chypre tous les six mois, c'est d'empêcher les bérets bleus de s'impliquer dans le conflit. Ce n'est évidemment pas leur travail. L'autre raison est d'ordre purement monétaire: l'installation d'un contingent permanent forcerait les gouvernements à financer le déménagement des familles des bérets bleus sur place comme le fait le Canada pour ses soldats en Allemagne. Actuellement, les seules personnes autorisées à s'établir à Chypre avec leur famille sont les officiers de l'état-major de l'UNFICYP qui doivent séjourner dans l'île entre deux et trois ans.

Certains bérets bleus estiment qu'une armée professionnelle n'a pas sa place dans un endroit pareil. Ils pensent qu'une simple force de police pourrait très bien faire l'affaire. On serait tenté de leur donner raison si les faits ne contredisaient pas leurs arguments. Certes, la mission relève effectivement d'une force de police mais, selon le commandant du contingent canadien présent à Chypre lors de ma visite en avril 1990, le lieutenant-colonel W. G. Sutherland, il y a au moins une bonne raison pour que ce soit des soldats qui portent le béret bleu: il faut que la force des Nations unies soit entraînée au combat et puisse combattre si elle doit le faire. Seuls des militaires bien entraînés peuvent relever cet ultime défi. Le lieutenant-colonel Sutherland, comme son supérieur immédiat, qui commande toute la force des Nations unies à Chypre, le lieutenant-général canadien Clive Milner, est un vétéran du maintien de la paix sur l'île. C'est la quatrième fois que son unité se rend à Chypre depuis 1964. Quant à Milner, après être venu ici comme soldat en 1964 puis comme officier, il dirige l'UNFICYP depuis mars 1989, pour une période de trois ou quatre ans. Le lieutenant-colonel Sutherland affirme que «l'envoi de soldats, et non de réservistes ou de policiers, s'explique de plusieurs façons. L'armée possède une structure de commandement et du matériel de support, et dispose de membres qui ont reçu un entraînement adéquat et jouissent d'une expérience précieuse. Malgré toutes les qualités des réservistes ou des policiers, ils ne seraient pas capables d'assumer toutes les tâches reliées à cette mission[4].»

Si la très grande majorité du contingent canadien est composée de soldats réguliers, le reste étant formé de réservistes, c'est que l'histoire a prouvé que c'était la meilleure façon d'affronter les responsabilités et les problèmes inhérents à une mission pour le maintien de la paix. Selon de nombreux officiers et experts des problèmes militaires, la guerre de 1974 à Chypre a démontré l'efficacité d'un contingent de soldats professionnels. «Pendant la guerre de 1974, les deux contingents qui ont le mieux résisté aux combats furent ceux du Canada et de la Grande-Bretagne. Tant les Danois que les Finlandais et les Irlandais ont connu de graves difficultés et les soldats canadiens et britanniques, en plus de porter secours aux civils, ont dû prêter main-forte aux bérets bleus de ces contingents. Ils n'étaient tout simplement pas assez bien entraînés pour faire face à une telle explosion de violence», déclare un officier qui a séjourné à Chypre à plusieurs reprises.

Si les simples bérets bleus ont toujours hâte de retourner chez eux, il n'en va pas de même pour les officiers qui commandent le contingent canadien, dont la moyenne d'âge est de vingt-cinq à trente ans. Le travail ne manque pas et leur donne l'occasion d'affirmer leurs qualités et leur leadership. À la fin de la journée, ils sont moins blasés que la troupe mais tout aussi fatigués. Chacun assume une tâche particulière: commandant de peloton; dentiste; signaleur; officier d'information ou de liaison; responsable des contacts avec les communautés de l'île. «Venir à Chypre, c'est une chance unique de visiter un coin du monde qui demeure difficilement accessible au Canadien moyen, déclare un officier. Il y a des dizaines de pays autour: Égypte, Syrie, Israël et surtout l'Europe. Cela nous permet de connaître d'autres cultures même si notre séjour n'est pas très long.» La plupart des bérets bleus obtiennent des permissions pour se rendre dans différents points de l'île ou à l'étranger.

Au jour le jour, le travail des officiers peut se révéler fascinant même s'il demeure routinier. Ainsi, l'UNFICYP doit intervenir lorsque les Turcs, qui contrôlent la distribution d'eau, menacent de couper les approvisionnements aux Chypriotes grecs. Même chose pour l'électricité, service public assuré par ces derniers. Parfois, une simple défectuosité mécanique peut apparaître à l'autre partie comme du sabotage. Si le problème n'est pas réglé, la tension monte au sein de la communauté affectée. Les bérets bleus doivent alors user de toute leur diplomatie pour trouver la défectuosité et faire en sorte qu'elle soit réparée. Dans la campagne, comme la zone tampon peut avoir jusqu'à 7 kilomètres de large, elle recouvre souvent des terres arables très prisées dans un pays aussi montagneux. Les Nations unies ont donc décidé d'ouvrir ces terres à l'agriculture, en accord avec leur mission de «favoriser le retour à des conditions normales» de vie. Des officiers et des soldats du contingent sont donc appelés à accompagner les paysans dans leurs travaux et à les protéger contre d'éventuelles attaques. L'UNFICYP s'occupe même de lutter contre la rage chez les animaux et mène des programmes de lutte contre les incendies et la prolifération des moustiques. En général, ce sont les officiers chargés des questions humanitaires qui s'occupent de ce genre de chose. Ils ne chôment pas.

Le capitaine Scott MacDonald, l'officier humanitaire du contingent canadien au moment de ma visite à Chypre, m'explique tout ce que lui et ses hommes doivent faire pour faciliter les contacts entre les deux communautés et régler les différends: «Nous sommes tous un peu facteur, déménageur, enquêteur, visiteur, coordonnateur», dit-il. Il leur arrive même de visiter des Chypriotes grecs qui ont préféré rester dans la zone turque et vice-versa. «Il faut faire en sorte que les deux communautés se rencontrent, c'est pour cela que nous passons beaucoup de temps à visiter des maires, des citoyens, des prêtres, des officiels. Notre présence rassure», ajoute le capitaine[5]. Et en prime, lorsque les troupeaux de chèvres ou de moutons d'une communauté vont brouter sur le territoire de l'autre, les officiers chargés des questions humanitaires doivent jouer les arbitres.

Chapitre 21

Une mission d'avenir?

Chypre, avec son magnifique climat, ses villages accueillants, ses montagnes et ses vallées idylliques, est une île très attachante. Peut-être un peu trop. Les habitants des deux communautés ne veulent pas que les troupes des Nations unies les quittent parce qu'ils aiment bien ces grands Occidentaux aux cheveux blonds, quelquefois exaspérés, souvent braillards, mais qui assurent somme toute la paix pour le plus grand bénéfice de toutes les parties.

La république de Chypre, au sud, connaît une grande prospérité économique non seulement à cause de la présence de l'UNFICYP et des bases navales britanniques mais aussi parce qu'elle est devenue un havre fiscal, un centre bancaire et commercial de tout premier plan au Moyen-Orient. La guerre du Liban a largement profité aux Chypriotes qui ont accueilli à bras ouverts toutes les institutions financières et commerciales qui prospéraient auparavant à Beyrouth. Le nombre de Mercedes, de magnifiques maisons et d'appartements de luxe qu'on trouve à Chypre témoigne de cette prospérité. Dans le Laiki Yitonia, joli quartier piétonnier situé près des murs de la vieille ville, les aubergistes et les commerçants sont heureux de vous tendre la main et de vous offrir un verre en vous chantant que le Canada est un bien beau pays. Ils parlent toutes les langues: arabe, anglais, français, italien et même allemand, car ils savent bien que les touristes, attirés par la beauté de l'île et la sécurité des rues, viennent en masse. Ils ont intérêt à conserver le statu quo.

Au nord, dans la République turque, la richesse n'est pas aussi ostentatoire. Isolée par la communauté internationale, la république doit tout importer de Turquie et si on n'y manque de rien, l'atmosphère est à la rigueur. Mais là aussi le tourisme pourrait prospérer. La chaîne de montagnes des Kerynia renferme de splendides forteresses du Moyen Âge, dont celle de Saint-Hilarion qui domine le magnifique port de Kerynia avec ses plages sablonneuses baignées par une mer d'un bleu à couper le souffle. Mais les habitants vivent dans la crainte. Ils ont peur d'être submergés par les Chypriotes grecs advenant la réunification de l'île. Pour renforcer sa communauté, le gouvernement chypriote turc fait venir des colons turcs d'Anatolie en grand nombre, rendant encore plus complexes les négociations intercommunautaires. Il ne semble exister aucune solution à ce conflit.

Le Mur de Nicosie demeure toujours dressé et rien n'indique qu'il connaîtra le sort de son homologue berlinois. Ce conflit divise deux communautés aux valeurs et aux traditions totalement opposés, contrairement aux pays qui furent ou sont toujours divisés comme l'Allemagne, le Yémen, le Viêt-nam et la Corée. Tout indique que les bérets bleus vont rester sur l'île encore longtemps, ce qui devrait assurer de belles heures aux missions de maintien de la paix des Nations unies. Cela n'enchante pas tout le monde, à commencer par ceux qui doivent éponger les frais de ces missions.

*

En 1948, lorsque les missions de paix furent mises sur pied, on espérait qu'elles n'auraient pas à devenir permanentes et que chaque mission déboucherait sur la conclusion d'un traité de paix ou la normalisation d'une situation troublée ou violente. Ce ne fut pas le cas pour la majorité des missions. Si la paix et l'ordre furent rétablis en Irian occidental, au Congo, au Yémen, en Namibie et surtout entre l'Égypte et Israël, les tensions sinon la guerre perdurent au Liban, à Chypre, en Amérique centrale, entre la Syrie et Israël ainsi qu'entre l'Iran et l'Irak. Cela pose deux problèmes aux gestionnaires des Nations unies et aux pays participants: le financement et la durée des missions de paix.

Entre 1948 et 1985, les membres des Nations unies ont dépensé plus de trois milliards de dollars pour le maintien de la paix. Le Canada à lui seul a fourni environ 300 millions de dollars. Mais les coûts ont monté en flèche au milieu des années quatre-vingt alors que le nombre de missions augmentait. Ainsi, en 1988, les huit missions de l'ONU et leurs 10 000 membres coûtaient 350 millions de dollars à entretenir. Le secrétaire général de l'ONU, Javier Perez de Cuellar, estimait que le maintien de la paix en 1989 allait coûter plus d'un milliard de dollars à cause de nouvelles missions en Namibie et en Amérique centrale. Une intervention de l'ONU dans les conflits au Sahara occidental et au Cambodge laisse prévoir une autre augmentation des coûts. À cela s'ajoutent les problèmes d'arrérages dans le paiement des frais par les pays contributeurs. Une des avenues de solution envisagées est constituée des contributions qu'apportent depuis peu la nouvelle Allemagne et le Japon, deux pays très riches qui, pour des raisons politiques liées à leur statut après la Seconde Guerre mondiale, ne s'étaient jamais engagés dans la politique du maintien de la paix.

Des neuf missions des Nations unies en opération en mars 1991, cinq ont pratiquement acquis un statut permanent malgré la volonté des Nations unies. Il s'agit des missions à Chypre (1964), à Jérusalem (1948), sur les hauteurs du Golan (1974), dans le sud du Liban (1978) et entre l'Inde et le Pakistan (1948). Les autres missions, en Angola (1988), en Afghanistan (1988), en Amérique centrale (1990) et entre l'Iran et l'Irak (1989) devraient cesser leurs activités au moment de l'expiration de leur mandat, mais rien n'indique qu'une situation nouvelle ne viendra pas changer les données du problème et forcer les Nations unies à prolonger un ou plusieurs de ces mandats. La durée met en relief tout le dilemme entre le «maintien de la paix, c'est-à-dire l'action de contenir les conflits, et la réalisation de la paix, c'est-à-dire le règlement pacifique des conflits», comme l'écrit Henry Wiseman. Sur cette question, les experts, tant canadiens qu'étrangers, divergent d'opinion.

Les exemples du Moyen-Orient et de Chypre sont révélateurs des dilemmes auxquels fait face l'ONU. Trois grandes missions de maintien de la paix ont été organisées au Moyen-Orient pour s'interposer entre Israël et des voisins arabes. La première, FUNU 1, a été déployée entre Israël et l'Égypte de 1956 à 1967. Sur simple demande du président Nasser, les bérets bleus durent quitter le Sinaï et la guerre des Six Jours éclata. En 1973, la FUNU 2 s'installait de nouveau entre les deux belligérants pour se retirer en 1981 après la signature d'un traité de paix. En 1974, une autre mission, la FNUOD, s'interposait entre Israël et la Syrie dans les hauteurs du Golan. Elle y demeure toujours. En 1978, une autre force des Nations unies s'est installée de façon permanente au sud du Liban. Enfin, depuis 1964, Chypre accueille l'UNFICYP. Toutes ces missions remplissent des mandats semblables mais doivent faire face à des situations différentes.

Dans tous les cas, la bonne volonté des Nations unies ne suffit pas à transformer l'opération de maintien de la paix en règlement pacifique du conflit. La volonté politique des belligérants est nécessaire, comme dans le cas de l'Égypte et d'Israël, pour que la paix soit véritablement rétablie. Henry Wiseman et Michel Fortmann reconnaissent ce problème. Henry Wiseman souligne que les missions de paix permanentes permettent aux belligérants de se garder de conclure un accord définitif. Ils ne cèdent rien et s'installent confortablement à l'ombre des bérets bleus. Les «opérations de maintien de la paix ont été essentielles pour circonscrire des crises d'une ampleur telle qu'elles menaçaient de provoquer un affrontement direct entre les superpuissances. Mais une fois ce danger conjuré, les opérations se poursuivent sans que les conflits soient près d'être résolus» écrit Henry Wiseman. C'est précisément le cas pour les missions à Chypre, au Golan et au sud du Liban.

Michel Fortmann estime néanmoins que le Canada doit poursuivre sa coopération avec les Nations unies dans ce domaine. Il rappelle qu'en 1972, malgré l'échec de la première mission FUNU au Moyen-Orient et l'humiliation de la participation à la commission indépendante de surveillance au Viêt-nam entre 1964 et 1973, le gouvernement Trudeau a renouvelé son attachement aux missions de paix mais en établissant une liste de critères qui devaient éviter de tomber dans certains pièges politiques comme ceux du Viêt-nam et du Moyen-Orient. Ces restrictions n'ont toutefois pas empêché le Canada de participer à toutes les missions des Nations unies depuis lors. L'importance du maintien de la paix finit par l'emporter sur les considérations politiques et financières. John Holmes, un des grands diplomates canadiens, déclarait en 1967: «Les Canadiens portent un intérêt spécial au maintien de la paix parce que nous avons participé plus que tout autre pays à ce genre d'opération et que notre participation a, de fait, été incorporée dans l'image de notre rôle universel[1].»

Jack Granatstein, un des grands historiens militaires du Canada, ne déborde pas d'enthousiasme sur la politique de maintien de la paix. Il a durement critiqué la ferveur avec laquelle Ottawa dépêcha en 1988 des bérets bleus entre l'Iran et l'Irak alors que le cessez-le-feu était constamment violé. «C'est une opération de scoutisme alors que le Canada, avec son expérience passée, devrait savoir comment une mission de paix fonctionne réellement, écrivait-il à l'époque. L'humiliation subie au Viêt-nam, les agressions physiques enregistrées au Congo, l'expulsion des forces dans le Sinaï devraient nous faire comprendre que le maintien de la paix peut être efficace et important mais seulement si le mandat de la force est claire et si les belligérants veulent vraiment faire la paix[2].» La suite des événements ne devait pas lui donner raison, mais on reconnaît, tant à la Défense nationale qu'aux Affaires extérieures, que la précipitation ne doit plus être de mise lorsqu'un conflit éclate et que les parties ne font pas de sérieux efforts de paix.

Cette conscience que la paix constitue l'une des missions fondamentales de la diplomatie canadienne a fait du Canada le plus important participant aux missions du maintien de la paix.

Mais les missions de paix sont dangereuses. D'abord, les morts: 78, si on exclut les 312 Canadiens tués en Corée entre 1950 et 1953, lors d'une mission de l'ONU pour le rétablissement de la paix mais qui constituait en fait une guerre classique dans tous les sens du mot. Puis, le travail quotidien. Lorsque les bérets bleus arrivent dans les zones qu'ils doivent patrouiller, il n'existe souvent aucune structure d'accueil: ils trouvent des bâtiments dévastés, sans eau courante, la nourriture est infecte et le service de sécurité laisse à désirer. De nombreux bérets bleus sont morts de maladies ou dans des accidents stupides. D'autres ont dû attendre des semaines avant d'être ravitaillés décemment ou de disposer d'installations sanitaires adéquates. Les vexations et les humiliations quotidiennes, les longues heures de déplacement — on voyage parfois pendant dix-sept heures — dans des avions militaires au confort spartiate ou des véhicules d'un autre âge, la chaleur, la peur et l'angoisse dans des endroits isolés et inconnus ainsi que, parfois, la brutalité et les coups reçus de belligérants agressifs ou à bout de nerfs ne sont pas choses rares. Ainsi, au Congo, de nombreux Canadiens ont été battus et menacés de mort parce que les troupes congolaises les confondaient avec les Belges. En 1967, dans le Sinaï, les soldats canadiens ont échappé à la mort parce que leur contingent s'est retiré plus vite que les autres. Quartorze de leurs collègues indiens n'ont pas eu cette chance.

Lorsque je traverse un poste de contrôle turc sur la route qui mène au camp Berger, l'attitude du béret bleu canadien qui discute avec le jeune soldat de faction me rappelle ce que prêchait Lester B. Pearson lors d'un discours à l'université Carleton en 1964. Le béret bleu «sera appelé fréquemment à exercer une influence modératrice et non une démonstration de force. Il lui sera exigé de montrer une exceptionnelle retenue même sous la pression de violentes provocations. Dans bien des cas, des situations explosives peuvent être ramenées sous contrôle grâce au bon sens, au sang-froid et à la bonne humeur[3].» Ce sont bien ces qualités-là qu'il faut posséder pour accomplir cette mission de paix.

SIXIÈME PARTIE

L'avenir

Chapitre 22

La redéfinition des enjeux

Au petit jour, en ce début du mois de mai 1990, la base canadienne de Baden-Soellingen, en Allemagne, s'éveille lentement. Le temps est superbe, avec un soleil qui promet de rester quelques jours dans un pays où le ciel est couvert à longueur d'année. Et, bien sûr, le gazon est déjà vert et plein de fleurs. Les grands arbres qui enserrent la base et embellissent une bonne partie de ses rues et installations projettent une ombre bienfaisante car dans quelques heures il fera exceptionnellement chaud pour cette période de l'année. Quel contraste avec Montréal, que j'ai quitté il y a une semaine, où l'hiver s'est à peine retiré, laissant tout rabougri et sale.

Avec la base de Lahr, Baden-Soellingen complète les installations militaires canadiennes en Allemagne. Les deux bases sont situées à l'orée de la légendaire Forêt-Noire. Le décor est si magnifique que plus de la moitié des quelque 8 000 militaires canadiens vivent à l'extérieur de leurs bases, dans les multiples villages de la région. Lahr sert de quartier général aux Forces canadiennes déployées dans ce pays depuis 1951. Cette base loge surtout la 4e Brigade mécanisée du Canada, composée d'environ 4 000 soldats et d'une série d'unités de services. Dans le cadre de l'OTAN, cette brigade d'infanterie, d'artillerie et de blindés se tient en réserve et a pour mission d'intervenir en cas d'attaque venant de l'Est. Baden accueille la 1re Division aérienne du Canada qui peut compter sur trois escadrons de chasseurs CF-18 basés en Allemagne et deux autres basés à Bagotville et à Cold Lake au Canada. Toujours dans le cadre des engagements auprès de l'Alliance atlantique, les CF-18 ont reçu des missions de combats aériens et d'appui au sol en cas de besoin. La force aérienne canadienne en Allemagne, même si, avec une cinquantaine d'appareils, elle demeure minuscule, est un élément clé dans cette région. Grâce à leurs capacités multirôles, les CF-18 se révéleraient vitaux lors d'un conflit.

À quelques mètres des pistes aériennes de la base, des dizaines de bunkers en béton et en acier s'alignent sur de vastes terrains. Ils sont assemblés en groupes de deux ou trois et chacun loge un CF-18. Ces bunkers sont, dit-on, à l'épreuve d'une attaque conventionnelle directe et d'une frappe nucléaire indirecte. L'intérieur abrite quantité de matériel nécessaire à l'entretien des chasseurs ainsi que des appareils électroniques servant à mesurer les performances des avions avant ou après une mission. Ce matin, l'escadron que je visite est en exercice. Plusieurs CF-18 décollent ou atterrissent dans un bruit assourdissant. Un autre a été retiré de son abri et quelques techniciens s'affairent à régler les derniers détails avant le vol prévu pour dans quelques minutes. Le pilote arrive et, après quelques mots échangés avec l'équipe au sol, grimpe dans l'avion et le dirige vers la piste. C'est le début de la mission pour aujourd'hui.

Cette scène, avec ses rites bien établis et sa minutie d'horloger, les militaires canadiens la répètent quotidiennement depuis quarante ans. Ils sont postés en Allemagne pour défendre l'Europe et le monde occidental contre une éventuelle attaque de l'Est. Du moins, c'était le cas jusqu'à tout récemment. Jusqu'à ce que l'Union soviétique décide de marcher main dans la main avec l'Occident et de laisser ses anciens protectorats d'Europe de l'Est se libérer de son emprise. Tout cela s'est déroulé bien vite et dans les états-majors on se demande si c'est bien vrai, si c'est bien définitif.

La menace soviétique a-t-elle vraiment disparu? N'y en a-t-il pas d'autres à l'horizon? Propos de militaires prudents ou de conservateurs intraitables. Qui sait? En ce printemps 1990, comment pouvaient-ils savoir, ces militaires, que cinq mois plus tard, un escadron entier de Baden-Soellingen s'envolerait vers le golfe Persique pour remplir une toute nouvelle mission que ni le gouvernement canadien et encore moins les pilotes n'avaient prévue.

En attendant, le cœur n'y est plus. Les militaires canadiens pensent que les beaux jours sont terminés. La détente Est-Ouest est bien engagée et un premier accord de désarmement conventionnel en Europe, signé en novembre 1990 à Paris, est en voie de transformer le paysage militaire du vieux continent. Dans quelques mois, sinon quelques années, il faudra tout emballer et partir. Fini les voyages en Allemagne qui permettaient à tant de Canadiens de visiter et de découvrir l'Europe. Fini la vie à l'étranger avec certes ses désagréments mais aussi ses avantages financiers, culturels et sociaux. Il faudra retourner au Canada et faire face à l'inconnu. Car là, dans leur pays, rien n'est prévu pour accueillir ces militaires. Du moins pas tous. Ceux qui travaillent pour l'armée de l'air n'auront pas de difficulté à être réintégrés. On a toujours besoin d'avions pour la défense de l'Amérique du Nord. Le problème, c'est la Brigade. Où va-t-on l'installer? Quel rôle jouera-t-elle dans le système militaire canadien? Au ministère de la Défense, on n'est pas encore en mesure de fournir des réponses à ces questions. On verra, en temps opportun.

*

La défense et la sécurité du Canada se trouvent à la croisée des chemins. Certes, direz-vous, ce n'est pas la première fois qu'on dresse un tel constat. En 1971, le livre blanc sur la Défense du gouvernement Trudeau voyait le monde en rose et prédisait une longue ère de paix et de prospérité. Il décrivait le Canada comme à un tournant et Ottawa se permettait même le luxe de froisser ses alliés en sabrant dans ses dépenses militaires et en réduisant de moitié son contingent en Europe. La politique de défense de l'époque était axée sur la protection du territoire, la stabilité intérieure, le respect de la souveraineté du Canada, la lutte contre la pollution et les incursions économiques illégales de certains pays. Seize ans plus tard, le livre blanc du gouvernement Mulroney remettait les pendules à l'heure. La menace soviétique était encore présente. Il fallait la contrer. La souveraineté était violée. Il fallait la défendre. La pollution, la drogue, les pêches et l'immigration illégales menaçaient la société canadienne. Il fallait y voir. Les conservateurs demandaient aux Canadiens de prendre un nouveau virage pour sauver le pays des dangers extérieurs. Mais cette vision des choses ne fut pas en vigueur longtemps. Sous les coups conjugués du déficit budgétaire et de la nouvelle détente Est-Ouest, le livre blanc sombra corps et âme en 1989.

Deux ans plus tard, pourquoi sommes-nous réellement à la croisée des chemins? Contrairement à la situation de 1971, alors que la menace soviétique existait bien malgré la première détente, il est certain aujourd'hui que l'Union soviétique n'est plus une superpuissance, c'est-à-dire «un État qui par ses capacités économiques et par son potentiel militaire dispose d'une puissance nettement supérieure à celles des autres États et qui a une capacité d'action — effective ou potentielle — susceptible de se projeter dans toutes les parties du globe[1]». Ce pays est en ruine. Son économie ne fonctionne plus, son pouvoir politique est incapable de maintenir la cohésion géographique du territoire et ses dirigeants ne manifestent plus la volonté d'aider les quelques alliés rassemblés depuis une quarantaine d'années. Certes, l'Union soviétique dispose d'une puissante armée et d'armes nucléaires. Mais cette armée est maintenant tournée vers la répression intérieure et les armes nucléaires n'ont pour seul rôle que de dissuader tout pays d'attaquer directement le territoire soviétique. L'URSS, ou peut-être bientôt la Russie, est redevenue une puissance moyenne et régionale qui lutte désespérément pour éviter la marginalisation économique et politique.

L'environnement stratégique a donc changé. L'Europe, moyennant la présence d'un nombre limité de soldats américains, peut maintenant assurer sa défense et dissuader l'Union soviétique de partir à sa conquête. Le Canada ne peut plus jouer un rôle majeur sur le vieux continent. Ses soldats sur place sont devenus inutiles.

Alors, il reste l'Amérique. Après un interlude de quarante ans en Europe qui a permis au Canada d'espérer éviter l'absorption par son puissant voisin du sud, nous voilà de retour à la case départ. La loi d'airain de la géographie s'applique avec toute sa rigueur, d'autant plus que le Canada n'a pas d'autres voisins pour compenser le poids des États-Unis. La continentalisation de presque toutes les activités canadiennes, entamée dès la fin de la Première Guerre mondiale, est maintenant en bonne voie de se réaliser complètement. Le libre-échange avec les États-Unis, puis dans quelques années avec le Mexique, constitue le couronnement d'une intégration économique implacable qui s'est réalisée lentement mais inexorablement. D'ici peu, la continentalisation de la défense et de la sécurité deviendra une nécessité incontournable.

Repliées sur le continent nord-américain, les Forces armées canadiennes vont devoir recevoir de la part du gouvernement de nouvelles missions. Il n'y aura pas de chambardements dramatiques et, contrairement à ce que craignent de nombreux soldats, rien n'indique que le pouvoir politique abolira certaines activités militaires. Avant la crise autochtone de l'été 1990, certains militaires me confiaient que l'armée de terre, bientôt absente d'Europe, n'aurait plus rien à faire au Canada et qu'elle perdrait même ses quelques chars. Les événements d'Oka ont montré qu'il n'en était rien et que l'armée de terre aurait toujours un rôle à jouer. Certes, l'armée de terre pourrait devenir plus légère, c'est-à-dire qu'elle pourrait se débarrasser de son matériel lourd (chars d'assaut) pour s'équiper uniquement de petits véhicules de transport de troupes et de reconnaissance ainsi que de matériel antichars (hélicoptères, mines, roquettes, missiles, etc.) qui en feraient une force principalement défensive. C'est là une option sérieuse pour une petite armée, mais il apparaît qu'on va conserver les blindés même s'ils ne devaient servir qu'à entraîner des tankistes pouvant être appelés à participer à un éventuel conflit. On ne doit jamais rien exclure, comme le montre l'exemple du Japon, un archipel d'îles montagneuses, qui entretient un parc de 1 000 chars d'assaut dont on pourrait se demander à quoi ils peuvent bien servir.

Le face-à-face avec les Américains va permettre à l'armée de l'air de poursuivre sa domination des Forces armées canadiennes. Il ne peut en être autrement pour le moment. La défense aérienne du continent nord-américain est et demeurera une priorité pour les deux pays, ce qui devrait pousser le gouvernement canadien à s'engager dans un nouveau programme pour remplacer les CF-18 dont la «vie utile» devrait se terminer au début de l'an 2000. Il reste à voir jusqu'où, politiquement et militairement, le Canada veut s'intégrer à un système complet de défense aérospatiale du continent. Comme on l'a vu dans le chapitre intitulé «Une alliance inévitable», les Américains entretiennent deux priorités dans le domaine de la défense aérospatiale: pouvoir stopper une attaque de bombardiers équipés de missiles de croisière et être capables de contrer une attaque de missiles balistiques nucléaires, tout cela lancé par l'Union soviétique. NORAD s'occupe déjà de la première priorité alors que le

Commandement aérospatial américain tente de définir les modalités d'une défense antimissiles partielle ou totale.

Le Canada veut-il participer à cette défense antimissiles? Pour l'instant il s'y refuse. Et, qui sait, la détente Est-Ouest et l'effondrement de la puissance soviétique pourraient bien amener les Américains à reconsidérer le projet de bouclier spatial protégeant le continent et permettre au Canada de ne pas devoir opposer un non catégorique à une invitation américaine. Reste que les missiles et bombardiers soviétiques demeurent toujours menaçants, en principe. Et puis, les Américains planifient déjà le XXIe siècle en pronostiquant que les missiles ennemis pourraient bien venir d'ailleurs que d'Union soviétique. Actuellement, une vingtaine de pays peuvent fabriquer des missiles à courte et moyenne portée. Dans dix ou vingt ans, ils seront peut être capables de lancer des missiles balistiques de longue portée et de frapper l'Amérique du Nord. Si cette menace devait se matérialiser, le Canada devrait penser à sa défense.

À plus court terme, le Canada doit aussi assumer sa sécurité maritime. «La défense de notre souveraineté territoriale et maritime va redevenir une priorité politique au Canada, affirme Albert Legault, un expert des questions stratégiques qui enseigne à l'Université Laval, à Québec. On reviendra aux sous-marins pour protéger l'Arctique et les abords maritimes de notre pays. On retrouve en 1990 notre géographie des années quarante. L'Arctique redevient important[2].»

Depuis les années cinquante, les gouvernements canadiens tentent de trouver une solution aux problèmes de la souveraineté et de la protection de cette région qui fait l'objet des convoitises de nos amis du sud. Tous les plans élaborés, tous les discours prononcés n'ont absolument rien donné pour la simple et bonne raison qu'ils n'étaient jamais suivis de mesures concrètes. La continentalisation de la défense va-t-elle changer les choses? Deux options s'offrent au Canada. Il peut poursuivre la politique actuelle et moderniser sa petite marine, qui pourra tout au plus défendre les côtes Est et Ouest du pays, tout en signant avec les États-Unis un accord de défense maritime du genre NORAD. Les deux pays se diviseraient le territoire et les zones à patrouiller. Dans cette veine, le Canada pourrait confier la sécurité de l'Arctique aux États-Unis, moyennant la reconnaissance par Washington de la pleine souveraineté d'Ottawa sur les eaux arctiques. C'est un peu bâtard comme solution mais cela semble l'option la plus raisonnable pour un pays qui ne veut pas dépenser d'argent pour la défense et qui a renoncé à défendre cette souveraineté.

L'autre solution était contenue dans le livre blanc sur la Défense de 1987: rebâtir une marine puissante et efficace dotée de sous-marins pouvant effectuer une patrouille des trois océans tout en passant sous les glaces de l'Arctique. C'est une option coûteuse, mais c'est la seule qui permette de faire respecter la souveraineté du Canada sur les eaux arctiques tout en jouant un rôle militaire non négligeable dans la défense du continent nord-américain.

En plus de voir leurs équipements modernisés et certains rôles traditionnels modifiés, les Forces armées pourraient bien se voir confier de nouvelles missions qu'on pourrait qualifier de non militaires et qui entrent dans une définition large de la sécurité et de la défense du Canada. Selon certains experts et de nombreux politiciens, les Forces armées verraient leurs responsabilités s'accroître dans les missions de paix, les programmes d'aide à l'étranger, l'évacuation des réfugiés, la lutte contre le trafic de drogue, les pêches illégales, les catastrophes naturelles et la pollution. Ce sont là des secteurs dans lesquels l'armée de terre, l'armée de l'air et la marine sont déjà actives. Ainsi, les militaires de Valcartier sont souvent appelés à la rescousse dans des régions inondées ou lors d'un glissement de terrain ou d'un immense feu de forêt. L'aviation apporte son aide dans ce genre d'activités et mène, de concert avec la marine, des opérations de recherche et de sauvetage, d'interception de navires ou d'avions transportant des immigrants illégaux ou de la drogue, et participe en plus au nettoyage lors de catastrophes environnementales.

Ces rôles secondaires sont-ils destinés à devenir prioritaires? C'est ce que pensent plusieurs politiciens qui verraient dans cette solution une bonne façon de justifier les coûts d'entretien d'une armée, tout en montrant à l'opinion publique que les militaires canadiens font quelque chose pour la sécurité intérieure du Canada. Les militaires ne voient pas les choses de cette façon. Aucun ne rechigne à porter secours ou à lutter contre une certaine forme de criminalité. Mais tous rejettent la notion que ces nouvelles missions devraient éclipser la seule pour laquelle ils ont été entraînés: la défense du Canada.

Les militaires ne sont pas des policiers ni des agents de la conservation de la faune ou de l'environnement. Ce n'est pas leur travail. Ils ont été formés pour protéger le Canada contre une agression ou pour défendre, de concert avec d'autres pays, les intérêts liés aux alliances politiques et militaires du Canada. Une réorganisation des Forces armées devra tracer une ligne claire et nette entre le rôle premier des militaires et les missions accessoires qu'ils peuvent mener pour contribuer à la sécurité du pays.

Chapitre 23

Un pays au bord de l'éclatement

Depuis l'échec de l'Accord du lac Meech en juin 1990, les Canadiens et surtout les Québécois se demandent s'ils veulent encore vivre ensemble dans ce pays. Pour tenter d'obtenir une ultime réponse à cette question, le pays est sillonné depuis la fin de 1990 par une demi-douzaine de comités et de commissions politiques et constitutionnels à la recherche de l'âme canadienne. Existe-t-elle? Si oui, comment la sauver? Sinon, alors comment remodeler ce vaste territoire pour en faire soit une véritable confédération d'États souverains qui laisseraient à un pouvoir central les seules responsabilités de la monnaie, de la politique étrangère et de la défense, soit un ensemble d'États totalement souverains qui traiteraient entre eux sur une base égalitaire. Au moment où ces lignes sont écrites les Québécois ont clairement opté pour un changement radical mais ne semblent pas fixés quant à la forme de souveraineté qu'ils désirent. Dans ce contexte, que deviendra le système militaire canadien?

Le statu quo étant exclu, les provinces canadiennes, et en premier lieu le Québec, devront entamer des négociations pour se partager les pouvoirs au sein d'une nouvelle confédération si c'est l'option qu'elles choisissent. Dans ce cas, le système militaire canadien ne devrait pas être affecté par les changements politiques et constitutionnels qui donneront naissance à cette confédération. Tous les leaders politiques réfractaires à l'indépendance totale et entière du Québec et des autres provinces reconnaissent à un gouvernement central le pouvoir de légiférer sur les questions de politique étrangère et de défense. Même les dirigeants du Parti libéral du Québec, malgré le virage nationaliste majeur que représente le rapport Allaire, acceptent cette délégation de responsabilités au pouvoir central. L'étalement des infrastructures militaires dans l'ensemble du pays n'incite pas à la jalousie ou à un nouveau partage du gâteau militaire. Chaque province reçoit, bon an mal an, des retombées économiques à la mesure de son poids démographique ou industriel au Canada. On peut donc dire qu'un Canada remodelé, mais uni, n'entraînera pas de bouleversements importants pour les Forces armées canadiennes.

Il en serait tout autrement si le Canada devait éclater en deux ou plusieurs entités plus ou moins souveraines selon les vœux des citoyens de chaque région. Les combinaisons sont multiples. Il n'est pas exclu qu'on retrouve au nord des États-Unis deux États totalement indépendants: le Québec et le Canada. Il se pourrait bien aussi que plusieurs États naissent de l'éclatement du Canada. Tous ces pays souverains pourraient décider de revoir leurs relations militaires et d'établir des liens plus ou moins solides selon leurs intérêts. Rien n'empêche que soit conclue une alliance militaire entre le Québec et le Canada dans laquelle les deux États partageraient certains responsabilités communes comme la défense aérienne et maritime. Ce serait là un scénario qui plairait sûrement aux États-Unis. Si le Canada était divisé en plusieurs États, rien n'empêcherait les États autres que le Québec de s'allier pour maintenir une défense commune. Comme on peut le voir, les scénarios sont multiples et le lecteur peut en inventer à l'infini selon sa vision de l'avenir du Canada et de ses régions.

En fait, il importe moins de savoir si le système militaire canadien subsistera que de se demander si le Québec, qui est la province la plus susceptible de faire sécession, a les moyens d'établir une politique militaire indépendante et vigoureuse. Même si nous entrons ici dans le domaine de la spéculation, on peut dire que le Québec en a la volonté politique et les moyens techniques.

Les dirigeants du Parti québécois, Jacques Parizeau en tête, ont clairement fait entendre, et cela depuis plusieurs années, qu'un Québec indépendant serait doté d'une armée et membre de l'OTAN, si cette organisation existe toujours, et de NORAD. Lors des auditions de la commission Bélanger-Campeau, d'autres groupes nationalistes, par exemple certaines centrales syndicales, ont aussi appuyé, avec certaines réserves, ces grands axes d'une future politique militaire du Québec. Les nationalistes ont vite compris un principe élémentaire de toute la politique étrangère canadienne depuis quarante-cinq ans: tout faire pour éviter d'irriter les États-Unis. La prise de position du Parti québécois en faveur de l'intervention militaire dans le golfe Persique va dans ce sens. Comme on l'a vu dans le chapitre intitulé «Une alliance inévitable», ce que la géographique impose au Canada, elle l'imposera aussi au Québec. Car, au-delà de la stabilité politique canadienne, les États-Unis recherchent avant tout le statu quo militaire. Les mots de Franklin Roosevelt à Mackenzie King en 1938 sont toujours d'actualité: «Votre territoire ne doit pas servir à menacer le nôtre.»

Si les nationalistes québécois savent maintenant où se situent les vrais intérêts militaires d'un Québec indépendant, ils n'ont pas encore décidé comment le nouvel État bâtira et contrôlera son système militaire. Certains estiment qu'il est possible de partager la plupart des responsabilités politiques et opérationnelles avec le reste du Canada, quel qu'il soit. Ce serait certainement l'option la moins coûteuse. Mais elle ne répondrait pas aux caractéristiques d'un État souverain. La souveraineté, dans son acception classique, implique le contrôle par un État de sa politique étrangère et de défense. Une armée binationale est-elle compatible avec un Québec indépendant? Qui déclarera la guerre et fera la paix? Cette armée devra-t-elle assumer la responsabilité du maintien de l'ordre à l'intérieur du Québec et du Canada? Voilà des réalités incontournables.

Si le Québec opte pour le contrôle total de sa défense, il sera bien équipé pour faire face à ses obligations internes et externes. Selon Jacques Brossard, auteur du livre intitulé *L'accession à la souveraineté et le cas du Québec,* le Québec, le jour de son indépendance, «héritera à titre gratuit de toutes les installations militaires fédérales situées sur son territoire[1]». Bien sûr, tout cela se fera plus aisément lors d'une négociation politique qui partagera les biens militaires entre le Québec et le Canada.

Les installations et biens militaires en territoire québécois sont nombreux. Les Forces armées canadiennes y entretiennent deux des huit grandes bases de l'armée de terre (Valcartier et Saint-Hubert), une grande base aérienne (Bagotville), des centres de réparation et d'entreposage de matériel (Longue Pointe), des unités de milice terrestres, aériennes et maritimes, une base de formation et d'entraînement (Saint-Jean), un collège militaire et une foule de petites unités militaires dans plusieurs villes. Quelque 12 000 des 79 000 militaires réguliers postés au Canada travaillent au Québec et la province fournit 23 000 des 85 000 cadets et réservistes.

Il va sans dire que le partage des biens entre le Québec et le Canada ne sera pas aisé. Combien d'avions et de bateaux le Québec obtiendra-t-il? Les militaires postés en sol québécois deviendront-ils automatiquement des soldats québécois ou certains seront-ils rapatriés au Canada? Y aura-t-il une marine québécoise ou le Québec préférera-t-il concentrer ses ressources dans l'entretien d'une force exclusivement terrestre et aérienne? Tout dépendra de l'argent que le gouvernement du Québec voudra investir dans la défense. Les Québécois ne doivent pas se faire d'illusions. Entretenir une armée moderne coûtera cher, surtout si la coopération avec le reste du Canada est limitée.

Si de nombreuses questions techniques et juridiques restent aujourd'hui sans réponse, il n'en va pas de même de la qualité des militaires qui seraient appelés à former une armée québécoise. Depuis vingt-cinq ans, les francophones se sont taillé une place de choix dans les Forces armées canadiennes et la façon dont ils ont géré la crise autochtone de l'été 1990 a mis en valeur leurs compétences et leur sens du devoir. L'armée québécoise ne sera pas, comme certains seraient tentés de le croire, une armée d'opérette.

Quelles que soient les options politiques que les Canadiens et les Québécois choisiront d'ici quelques mois, le système militaire n'est pas condamné. Au contraire, un large consensus pour le maintien d'une armée se dégage des témoignages de la plupart de ceux, partis politiques, syndicats, gens d'affaires, groupes de pression, qui défilent devant les commissions chargées de revoir l'avenir du Canada. Certes, les militaires, dans leur majorité, aimeraient garder intact le présent système de défense. C'est une question d'efficacité opérationnelle et non un impératif politique. Mais, ultimement, ils serviront le pouvoir politique en place.

Notes

Chapitre premier
Un système imperceptible

1. *Procurement Review,* Fiscal Year 1989-1990, Government Consultants International, Ottawa, 1990, 50 pages.
2. Rychard A. Brûlé, «Évolution de la centralisation des Forces armées canadiennes au XXe siècle», dans A. Donneur et J. Pariseau (éd.), *Regards sur le système de défense du Canada,* Toulouse, Presses de l'Institut d'études politiques de Toulouse, 1989, p. 69.
3. Statistiques fournies par le ministère de la Défense nationale le 23 janvier 1991.
4. *Ibidem,* le 29 janvier 1991.
5. Entrevue avec l'auteur, le 14 août 1990.
6. Rapport du Comité spécial du Sénat sur la Défense nationale, Les Forces terrestres du Canada, octobre 1989, Ottawa, p. 53.
7. *International Herald Tribune,* 17 mars 1991, p. 2.

Chapitre 2
La chair à canon

1. Entrevue avec l'auteur le 8 octobre 1990.
2. Richard A. Gabriel, *Il n'y a plus de héros,* Éditions Albin Michel, Paris, 1990, p. 33.
3. *Ibidem,* p. 55.
4. Carol Strike, «Profil des Forces armées canadiennes», *Tendances sociales canadiennes,* hiver 1989, 6 pages.
5. Statistiques fournies par le ministère de la Défense nationale le 23 janvier 1991.
6. *Canadian Press,* 24 avril 1990.
7. Entrevue avec l'auteur le 8 octobre 1990.

Chapitre 3
La mer est calme

1. John D. Harbron, «A better Gulf role for Canada», *The Globe and Mail*, 28 août 1990, page A-7.
2. Tony German, *The sea is at our gates*, McClelland & Stewart Inc., Toronto, 1990, 360 pages.
3. Rapport du sous-comité du Sénat sur la Défense nationale, *La Défense maritime du Canada,* mai 1983, Ottawa, p. 1.
4. Ministère de la Défense nationale, *Défis et engagements — Une politique de défense pour le Canada,* juin 1987, Ottawa, p. 50.
5. Rapport du comité permanent de la Défense nationale et des Affaires des Anciens combattants, *La souveraineté maritime,* novembre 1990, Ottawa, p. 23.
6. Rapport du sous-comité du Sénat sur la Défense nationale, *op. cit.*, p. 2.

Chapitre 4
Top Gun... canadien

1. Statistiques fournies par le ministère de la Défense nationale le 23 janvier 1991.
2. Entrevue avec l'auteur le 23 janvier 1991.
3. Cité par le colonel John David devant le comité sur la Défense et les Affaires des Anciens combattants, 30 avril 1990, p. 40.
4. *Ibidem*, p. 37 à 41.

Chapitre 5
Des tranchées aux étoiles

1. Ministère de la Défense nationale, *Défense 89,* Ottawa, p. 85.
2. Statistiques fournies par le ministère de la Défense nationale le 22 août 1990.
3. *US News and World Report,* 18 avril 1988, p. 35.
4. Carol Strike, *op. cit.*

Chapitre 6
Des francophones heureux

1. Entrevue avec l'auteur le 10 août 1990.
2. Entrevue avec l'auteur les 8 et 22 février 1990.
3. Statistiques fournies par le ministère de la Défense nationale le 20 septembre 1990.
4. *Ibidem*, le 28 janvier 1991.

5. Tom Sloan, «La Défense nationale: défendre son pays dans sa langue», *Langue et Société,* Printemps 1990, numéro 30, p. 6-7.
6. Statistiques fournies par le ministère de la Défense nationale le 20 septembre 1990.
7. *Ibidem,* 20 septembre 1990.
8. *The Wall Street Journal,* 25 janvier 1991, p. 1.
9. Statistiques fournies par le ministère de la Défense nationale le 23 janvier 1991.

Chapitre 7
À la recherche d'une politique de défense

1. Rapport du Comité mixte spécial sur les relations extérieures du Canada, *Indépendance et Internationalisme,* juin 1986, Ottawa, p. 149.
2. P. Létourneau et M. Fortmann, «La politique de défense et de sécurité du Canada», dans P. Létourneau et H. Klepak (éd.), *Défense et Sécurité — Onze approches nationales,* Montréal, Éditions du Méridien, 1990, p. 15.
3. Ministère de la Défense nationale, *La Défense dans les années 70,* Ottawa, 1971, p. 3.
4. Michel Fortmann, «La politique de défense du Canada», dans P. Painchaud (éd.), *De Mackenzie à Pierre Trudeau — Quarante ans de diplomatie canadienne,* Québec, Les Presses de l'Université Laval, 1989, p. 514.
5. J.L. Granatstein et Robert Bothwell, *Pironette — Pierre Trudeau and Canadian Foreign Policy,* Toronto, University of Toronto Press, 1990, p. 255.
6. David Cox, «La défense continentale», *Cahiers de l'Institut canadien pour la paix et la sécurité internationales,* 1986, numéro 2, p. 47.

Chapitre 8
L'indifférence des élites

1. *The Globe and Mail,* 28 avril 1989, p. 1.
2. Chambre des communes, *Débats,* 5 juin 1987, p. 6777.
3. Entrevue avec l'auteur le 15 août 1990.
4. *Ibidem,* 6 février 1990.
5. *Ibidem,* 6 août 1990.
6. *Ibidem,* 7 février 1990.
7. *Ibidem,* 15 août 1990.

Chapitre 9
Un missile en folie

1. *The Citizen,* 14 février 1989, p. 3.
2. Documentation du ministère de la Défense nationale du 15 mars 1983.
3. *Déclarations et Discours,* Affaires extérieures du Canada, n° 83/8.
4. *Ibidem*, n° 83/18 et 84/2.
5. Simon Rosenblum, *Misguided Missiles,* James Lorimer & Co. Publishers, Toronto, 1985, 235 pages.
6. Chambre des communes, *Débats,* 6 mars 1987, p. 3909.
7. Documentation du ministère de la Défense nationale, 1er février 1989.

Chapitre 10
Des sous-marins en perdition

1. Documentation du ministère de la Défense nationale, 16 juillet 1986.
2. Ministère de la Défense nationale, *Défis et engagements — Une politique de défense pour le Canada,* Ottawa, juin 1987, p. 11.
3. *Ibidem*, p. 52.
4. *Ibidem*, p. 51.
5. Rapport du Comité permanent de la Défense nationale, *Le programme canadien d'acquisition de sous-marins,* août 1988, Ottawa, p. 64.
6. Auditions du Comité permanent sur la Défense nationale, fascicule 29, 7 mars 1988, p. 28.
7. *Ibidem*, fascicule 24, 2 février 1988, p. 37-38.
8. *Guide de l'Institut canadien pour la paix et la sécurité internationale, 1987-88,* Ottawa, p. 173.

Chapitre 11
La trahison

1. *Le Devoir,* 2 janvier 1984, p. 1.
2. Ministère de la Défense nationale, *Défis et engagements — Une politique de défense pour le Canada,* juin 1987, Ottawa, p. 47.
3. *Ibidem*, p. 67.
4. *Ibidem*, p. III.
5. Entrevue avec l'auteur le 6 février 1990.

Chapitre 13
Un simple échange de notes

1. Michel Fortmann, *op. cit.*, p. 489.
2. Desmond Morton, *A Military History of Canada,* Hurtig Publishers, Edmonton, 1985, p. 242.
3. *Ibidem*, p. 488.
4. H. Basil Robinson, *Diefenbaker's World,* University of Toronto Press, Toronto, 1989, p. 293.
5. *Ibidem*, p. 293.
6. *Ibidem*, p. 492.

Chapitre 14
De Londres à Washington

1. Gwynne Dyer et Tina Viljoen, *The Defense of Canada — In The Arms of The Empire 1760-1939,* McClelland & Stewart Inc., Toronto, 1990, p. 58.
2. Entrevue avec l'auteur les 8 et 22 février 1990.
3. Desmond Morton, *op. cit.*, p. 162.
4. J.L. Granatstein et Desmond Morton, *A Nation Forged in Fire,* Lester & Orpen Dennys, Toronto, 1989, 288 pages.
5. Georges F. G. Stanley, *Nos soldats,* Éditions de l'Homme, Montréal, 1980, p. 543.
6. *The Globe and Mail,* 17 août 1990, p. A-7.

Chapitre 15
La dérive continentaliste

1. Desmond Morton, *op. cit.*, p. 232.
2. Michel Fortmann, *op. cit.*, p. 484.
3. *Maclean's,* 24 mars 1986, p. 23.
4. David Cox, *op. cit.*, p. 30.
5. *Ibidem*, p. 47.

Chapitre 16
Un voyage à Washington

1. Entrevue avec l'auteur le 15 août 1990.
2. *La Presse,* 16 février 1985, p. A-4.
3. *The Globe and Mail,* 4 décembre 1985, p. 1.
4. *Le Devoir,* 5 décembre 1985, p. 3.
5. *Ibidem*.

Chapitre 17
Les liaisons particulières

1. Ministère de la Défense nationale, *L'état de préparation de l'industrie de défense: une assise de la défense,* novembre 1987, Ottawa.
2. Desmond Morton, *op. cit.*, p. 230.
3. Canadian Press, 3 décembre 1985.
4. *Le Devoir,* 17 septembre 1990.
5. William M. Arkin et Richard W. Fieldhouse, *Nuclear Battlefields,* Ballinger Publishing Co., Cambridge, 1985, p. 78-79.
6. Mike Fabbro, «Tests sur les torpilles à la baie de Nanoose», *Sentinelle,* 1990/3, p. 17-19.
7. *The Citizen,* 16 février 1989.

Chapitre 18
Bactéries et molécules

1. Ministère de la Défense nationale, *Recherche, développement et instruction dans le domaine de la défense chimique et biologique au sein du ministère de la Défense nationale et des Forces canadiennes,* 31 décembre 1988, Ottawa, 60 pages.
2. *The Gazette,* des 6, 7, 8 et 9 novembre 1990.
3. Informations fournies par le ministère de la Défense nationale le 25 octobre 1990.
4. Entrevue avec l'auteur le 11 novembre 1989.
5. Bruce Linsay, «Canada's Chemical Warfare Depen-dency». *The Toronto Star,* 26 février 1991, p. A-10.

Chapitre 19
Un Nobel pour le Canada

1. Clyde Sanger, *Les Canadiens et les Nations unies,* Ministère des Affaires extérieures, Ottawa, 1988, p. 59.

Chapitre 20
Une équipée à Chypre

1. *Le Monde,* 9 et 10 juillet 1989.
2. Cité dans Michel Fortmann, «Le Canada et le maintien de la paix», *op. cit.*, p. 117.

3. Henry Wiseman, *Le maintien de la paix et la gestion des conflits internationaux,* Exposé numéro 15 de l'Institut canadien pour la paix et la sécurité internationales, octobre 1987, 10 pages.
4. Entrevue avec l'auteur, 7 mai 1990.
5. *Ibidem.*

Chapitre 21
Une mission d'avenir?

1. Cité dans Fortmann, «Le Canada et le maintien de la paix», p. 132.
2. *The Globe and Mail,* 16 août 1988, page A-7.
3. *The Citizen,* 13 août 1988, p. B-4.

Chapitre 22
La redéfinition des enjeux

1. *Lexique de géopolitique,* Dalloz, Paris, 1988, p. 250.
2. Entrevue avec l'auteur le 6 août 1990.

Chapitre 23
Un pays au bord de l'éclatement

1. Jacques Brossard, *L'accession à la souveraineté et le cas du Québec,* Presses de l'Université de Montréal, Montréal, 1976, p. 647.

Bibliographie

LIVRES

Allard, Jean V., *Mémoires du général,* en collaboration avec Serge Bernier, Ottawa, Les Éditions de Mortagne, 1985, 533 pages.

Bland, Douglas, *The Administration of Defense Policy in Canada, 1947 to 1985,* Kingston, Ronald P. Frye & Compagny, 1987, 252 pages.

Castonguay, Jacques, *Le Collège militaire royal de Saint-Jean,* Montréal, Éditions du Méridien, 1989, 288 pages.

Douglas, W. A. B. et autres, *The RCN in Transition, 1910-1985,* Vancouver, University of British Columbia Press, 1988, 412 pages.

Gaffen, Fred, *In the Eye of the Storm, A History of Canadian Peacekeeping,* Toronto, Deneau & Wayne, 1987, 302 pages.

Granatstein, J. L., *Canada's War, The Politics of the Mackenzie King Government, 1939-1945,* Toronto, University of Toronto Press, 1975, 436 pages.

Granatstein, J. L., *Canada 1957-1967, The Years of Uncertainty and Innovation,* Toronto, McClelland & Stewart, 1986, 375 pages.

Granatstein, J. L., *How Britain's Weakness Forced Canada Into the Armes of the United States,* Toronto, University of Toronto Press, 1989, 82 pages.

Gravel, Jean-Yves, *Le Québec et la guerre,* Montréal, Éditions du Boréal Express, 1974, 173 pages.

Hellyer, Paul, *Damn the Torpedoes, My fight to Unify Canada's Armes Forces,* Toronto, McClelland & Stewart, 1990, 306 pages.

Keating, Tom and Pratt, Larry, *Canada, NATO and the Bomb, The Western Alliance in Crisis,* Edmonton, Hurtig Publishers Ltd, 1988, 243 pages.

Laurendeau, André, *La crise de la conscription,* Montréal, Les Éditions du Jour, 1962, 157 pages.

Middlemiss, D. W. and Sokolsky, J. J., *Canadian Defence, Decisions and Determinants,* Toronto, Harcourt Brace Jovanovich Canada Inc, 1989, 247 pages.

Newman, Peter C., *Un pays sans défense,* Montréal, Éditions Primeur, 1983, 220 pages.

Diverses autres publications de l'Institut canadien pour la paix et la sécurité internationales et du Centre canadien pour le contrôle des armements, du Canadian Institute of Strategic Studies ainsi que des articles de la revue *Sentinelle,* publiée par les Forces armées canadiennes et de *La Revue canadienne de défense* ont servi aussi à la rédaction de cet ouvrage.

DOCUMENTS

Byers, R. B., *Canadian Security and Defence: the Legacy and the Challenges,* Adelphi Papers, n° 214, The International Institute for Strategic Studies, London, winter 1986, 88 pages.

L'Arctique, numéro spécial de la revue *Études internationales,* sous la direction de Donat Pharand, volume XX, n° 1, mars 1989.
«New themes in Canadian security», *International Journal,* vol. XLII, n° 4, automne 1987.

O'Blenis, J. D. Major general, *Air Defence Briefing,* Défense nationale, 1990, 18 pages.

Purver, Ronald G., «La limitation des armements dans l'Arctique», *Les Cahiers de l'Institut,* n° 3, Institut canadien pour la paix et la sécurité internationales, février 1988, 93 pages.

Rossignol, Michel, *Le NORAD: historique et nouveaux défis,* Service de recherche de la Bibliothèque du Parlement, Ottawa, septembre 1990, 51 pages.

ARTICLES

Critchley, W. Harriet, «Civilianization and the Canadian Military», *Armed Forces and Society,* vol. 16, n° 1, automne 1989, p. 117-136.

Dawson, Peter F., «Canadian Military Mobilization», *Armed Forces and Society,* vol. 16, n° 1, automne 1989, p. 37-57.

Delaney, William P., «Air Defence of the United States: Strategic Missions and Modern Technology», *International Security,* vol. 15, n° 1, été 1990, p. 181-211.

Doran, Charles F. «Souveraineté et sécurité: deux réalités différentes», *Paix et Sécurité,* vol. 2, n° 3, automne 1987, p. 8-9.

Dowdy, William L., «The Canadian Navy: Torpedoed Again», *Armed Forces and Society,* vol. 16, n° 1, automne 1989, p. 89-115.

Eayrs, James, «Submergeons les sous-marins nucléaires», *Paix et Sécurité,* vol. 2, n° 3, automne 1987, p. 10-11.

Sharp, Mitchell, «NATO: Reviewed, Revised and Renewed», *Bout de papier,* vol. 6, n° 1, printemps 1988, p. 26-29.

Table des matières

Remerciements 9
Avant-propos 11

Première partie
«La grande invisible»

Chapitre premier
Un système imperceptible 17

Chapitre 2
La chair à canon 37

Chapitre 3
La mer est calme 53

Chapitre 4
Top Gun... canadien 67

Chapitre 5
Des tranchées aux étoiles 83

Chapitre 6
Des francophones heureux 95

Deuxième partie
La trahison des élites

Chapitre 7
À la recherche d'une politique de défense 109

Chapitre 8
L'indifférence des élites 119

Chapitre 9
Un missile en folie 127

Chapitre 10
Des sous-marins en perdition 137

Chapitre 11
La trahison 147

Troisième partie
Une alliance inévitable

Chapitre 12
Sous la terre à North Bay 159

Chapitre 13
Un simple échange de notes 167

Chapitre 14
De Londres à Washington 175

Chapitre 15
La dérive continentaliste 183

Quatrième partie
Le secret qu'on vénère

Chapitre 16
Un voyage à Washington 195

Chapitre 17
Les liaisons particulières 203

Chapitre 18
Bactéries et molécules 209

Cinquième partie
La mission de paix

Chapitre 19
Un Nobel pour le Canada 221

Chapitre 20
Une équipée à Chypre 225

Chapitre 21
Une mission d'avenir? 241

SIXIÈME PARTIE
L'avenir

Chapitre 22
La redéfinition des enjeux 251

Chapitre 23
Un pays au bord de l'éclatement 261

Notes 267
Bibliographie 277

Ce livre est imprimé sur
du papier contenant plus
de 50% de papier recyclé
dont 5% de fibres recyclées.

Achevé Imprimerie
d'imprimer Gagné Ltée
au Canada Louiseville